海上絲綢之路基本文獻叢書

按粤疏稿（一）

〔明〕田生金 撰

文物出版社

圖書在版編目（CIP）數據

按粵疏稿．一／（明）田生金撰．-- 北京：文物出版社，2023.3
（海上絲綢之路基本文獻叢書）
ISBN 978-7-5010-7956-8

Ⅰ．①按… Ⅱ．①田… Ⅲ．①奏議－彙編－中國－明代 Ⅳ．① K249.065

中國國家版本館 CIP 數據核字（2023）第 026412 號

海上絲綢之路基本文獻叢書

按粵疏稿（一）

撰　　者：〔明〕田生金
策　　劃：盛世博閲（北京）文化有限責任公司

封面設計：鞏榮彪
責任編輯：劉永海
責任印製：張　麗

出版發行：文物出版社
社　　址：北京市東城區東直門内北小街 2 號樓
郵　　編：100007
網　　址：http://www.wenwu.com
經　　銷：新華書店
印　　刷：河北賽文印刷有限公司
開　　本：787mm×1092mm　1/16
印　　張：15.75
版　　次：2023 年 3 月第 1 版
印　　次：2023 年 3 月第 1 次印刷
書　　號：ISBN 978-7-5010-7956-8
定　　價：98.00 圓

總緒

海上絲綢之路，一般意義上是指從秦漢至鴉片戰爭前中國與世界進行政治、經濟、文化交流的海上通道，主要分爲經由黃海、東海的海路最終抵達日本列島及朝鮮半島的東海航綫和以徐聞、合浦、廣州、泉州爲起點通往東南亞及印度洋地區的南海航綫。

在中國古代文獻中，最早、最詳細記載『海上絲綢之路』航綫的是東漢班固的《漢書·地理志》，詳細記載了西漢黄門譯長率領應募者入海『齎黄金雜繒而往』之事，書中所出現的地理記載與東南亞地區相關，并與實際的地理狀況基本相符。

東漢後，中國進入魏晋南北朝長達三百多年的分裂割據時期，絲路上的交往也走向低谷。這一時期的絲路交往，以法顯的西行最爲著名。法顯作爲從陸路西行到印度，再由海路回國的第一人，根據親身經歷所寫的《佛國記》（又稱《法顯傳》）一書，詳細介紹了古代中亞和印度、巴基斯坦、斯里蘭卡等地的歷史及風土人情，是瞭解和研究海陸絲綢之路的珍貴歷史資料。

隨着隋唐的統一，中國經濟重心的南移，中國與西方交通以海路爲主，海上絲綢之路進入大發展時期。廣州成爲唐朝最大的海外貿易中心，朝廷設立市舶司，專門管理海外貿易。唐代著名的地理學家賈耽（七三〇～八〇五年）的《皇華四達記》記載了從廣州通往阿拉伯地區的海上交通『廣州通海夷道』，詳述了從廣州港出發，經越南、馬來半島、蘇門答臘島至印度、錫蘭，直至波斯灣沿岸各國的航綫及沿途地區的方位、名稱、島礁、山川、民俗等。譯經大師義净西行求法，將沿途見聞寫成著作《大唐西域求法高僧傳》，詳細記載了海上絲綢之路的發展變化，是我們瞭解絲綢之路不可多得的第一手資料。

宋代的造船技術和航海技術顯著提高，指南針廣泛應用於航海，中國商船的遠航能力大大提升。北宋徐兢的《宣和奉使高麗圖經》詳細記述了船舶製造、海洋地理和往來航綫，是研究宋代海外交通史、中朝友好關係史、中朝經濟文化交流史的重要文獻。南宋趙汝适《諸蕃志》記載，南海有五十三個國家和地區與南宋通商貿易，形成了通往日本、高麗、東南亞、印度、波斯、阿拉伯等地的『海上絲綢之路』。宋代爲了加强商貿往來，於北宋神宗元豐三年（一〇八〇年）頒布了中國歷史上第一部海洋貿易管理條例《廣州市舶條法》，并稱爲宋代貿易管理的制度範本。

元朝在經濟上採用重商主義政策，鼓勵海外貿易，中國與世界的聯繫與交往非常頻繁，其中馬可·波羅、伊本·白圖泰等旅行家來到中國，留下了大量的旅行記，記録元代海上絲綢之路的盛况。元代的汪大淵兩次出海，撰寫出《島夷志略》一書，記録了二百多個國名和地名，其中不少首次見於中國著録，涉及的地理範圍東至菲律賓群島，西至非洲。這些都反映了元朝時中西經濟文化交流的豐富内容。

明、清政府先後多次實施海禁政策，海上絲綢之路的貿易逐漸衰落。但是從明永樂三年至明宣德八年的二十八年裏，鄭和率船隊七下西洋，先後到達的國家多達三十多個，在進行經貿交流的同時，也極大地促進了中外文化的交流，這些都詳見於《西洋蕃國志》《星槎勝覽》《瀛涯勝覽》等典籍中。

關於海上絲綢之路的文獻記述，除上述官員、學者、求法或傳教高僧以及旅行者的著作外，自《漢書》之後，歷代正史大都列有《地理志》《四夷傳》《西域傳》《外國傳》《蠻夷傳》《屬國傳》等篇章，加上唐宋以來衆多的典制類文獻、地方史志文獻，集中反映了歷代王朝對於周邊部族、政權以及西方世界的認識，都是關於海上絲綢之路的原始史料性文獻。

海上絲綢之路概念的形成，經歷了一個演變的過程。十九世紀七十年代德國地理學家費迪南·馮·李希霍芬（Ferdinad Von Richthofen，一八三三～一九〇五），在其《中國：親身旅行和研究成果》第三卷中首次把輸出中國絲綢的東西陸路稱爲『絲綢之路』。有『歐洲漢學泰斗』之稱的法國漢學家沙畹（Édouard Chavannes，一八六五～一九一八），在其一九〇三年著作的《西突厥史料》中提出『絲路有海陸兩道』，蘊涵了海上絲綢之路最初提法。迄今發現最早正式提出『海上絲綢之路』一詞的是日本考古學家三杉隆敏，他在一九六七年出版《中國瓷器之旅：探索海上的絲綢之路》中首次使用『海上絲綢之路』一詞；一九七九年三杉隆敏又出版了《海上絲綢之路》一書，其立意和出發點局限在東西方之間的陶瓷貿易與交流史。

二十世紀八十年代以來，在海外交通史研究中，『海上絲綢之路』一詞逐漸成爲中外學術界廣泛接受的概念。根據姚楠等人研究，饒宗頤先生是中國學者中最早提出『海上絲綢之路』的人，他的《海道之絲路與昆侖舶》正式提出『海上絲路』的稱謂。選堂先生評價海上絲綢之路是外交、貿易和文化交流作用的通道。此後，學者馮蔚然在一九七八年編寫的《航運史話》中，也使用了『海上絲綢之路』一詞，此書更多地限於航海活動領域的考察。一九八〇年北京大學陳炎教授提出『海上絲綢之路』研究，并於一九八一年發表《略論海上絲綢之路》一文。他對海上絲綢之路的理解超越以往，且帶有濃厚的愛國主義思想。陳炎教授之後，從事研究海上絲綢之路的學者越來越多，尤其沿海港口城市向聯合國申請海上絲綢之路非物質文化遺産活動，將海上絲綢之路研究推向新高潮。另外，國家把建設『絲綢之路經濟帶』和『二十一世紀海上絲綢之路』作爲對外發展方針，將這一學術課題提升爲國家願景的高度，使海上絲綢之路形成超越學術進入政經層面的熱潮。

與海上絲綢之路學的萬千氣象相對應，海上絲綢之路文獻的整理工作仍顯滯後，遠遠跟不上突飛猛進的研究進展。二〇一八年厦門大學、中山大學等單位聯合發起『海上絲綢之路文獻集成』專案，尚在醞釀當中。我們不揣淺陋，深入調查，廣泛搜集，將有關海上絲綢之路的原始史料文獻和研究文獻，分爲風俗物産、雜史筆記、海防海事、典章檔案等六個類别，彙編成《海上絲綢之路歷史文化叢書》，於二〇二〇年影印出版。此輯面市以來，深受各大圖書館及相關研究者好評。爲讓更多的讀者親近古籍文獻，我們遴選出前編中的菁華，彙編成《海上絲綢之路基本文獻叢書》，以單行本影印出版，以饗讀者，以期爲讀者展現出一幅幅中外經濟文化交流的精美畫卷，爲海上絲綢之路的研究提供歷史借鑒，爲『二十一世紀海上絲綢之路』倡議構想的實踐做好歷史的詮釋和注脚，從而達到『以史爲鑒』『古爲今用』的目的。

凡例

一、本編注重史料的珍稀性，從《海上絲綢之路歷史文化叢書》中遴選出菁華，擬出版數百册單行本。

二、本編所選之文獻，其編纂的年代下限至一九四九年。

三、本編排序無嚴格定式，所選之文獻篇幅以二百餘頁爲宜，以便讀者閱讀使用。

四、本編所選文獻，每種前皆注明版本、著者。

五、本編文獻皆爲影印，原始文本掃描之後經過修復處理，仍存原式，少數文獻由於原始底本欠佳，略有模糊之處，不影響閱讀使用。

六、本編原始底本非一時一地之出版物，原書裝幀、開本多有不同，本書彙編之後，統一爲十六開右翻本。

目録

按粤疏稿（一）

按粤疏稿（一）

卷一

〔明〕田生金 撰

明刻本

按粤疏稿

按粤疏稿目録

卷之一

卷之四

薦舉方面官員疏
舉劾有司官員疏
揭薦有司官員稿
薦舉佐領官員疏
薦舉教職官員疏
薦舉遷謫官員疏
舉劾武職官員疏
薦舉地方人材疏
表揚烈節疏

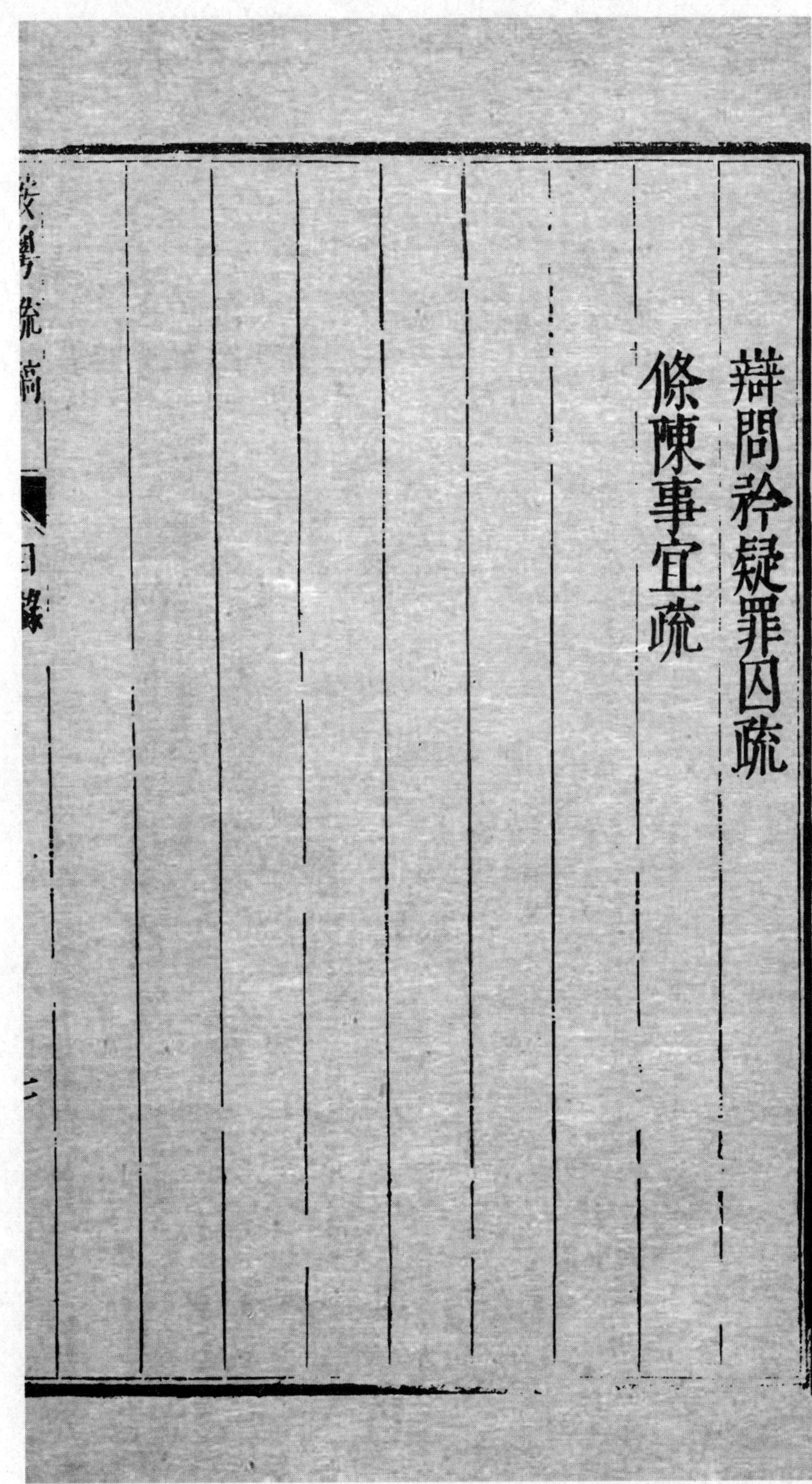

辯問矜疑罪囚疏
條陳事宜疏

謝欽賞疏

奏爲恭謝

天恩事臣奉

命巡按廣東於本年四月初十日接得邸報工部一

本爲恭奉

明旨查議

山陵效勞員役等事奉

聖旨聖母升祔昭陵大典告成朕心甚慰在工官員

悉心經理勞績可嘉因賞及侍郎林如楚等以下

科道部臣貳拾壹員而臣以曾叨巡視亦
賞銀貳拾兩紵絲貳表裏臣羈身嶺表不得隨各官
拜舞墀下除焚香望
闕叩頭謝
恩外伏念臣質本頑冥才更庸劣謬塵
陵工之役常懍覆餗之虞惟是藉諸臣之勤勞畢
松楸之大事而臣往來巡視蚤夜馳驅雖盡瘁以不
辭亦當爲之常分詎期
聖眷俯

賚殊恩
捐貂藏白鏹之貯光生白屋
出機杼黃纁之巧愧匪黃裳蓋
王氣鍾靈綿
國家有道之長于萬禩而
孝子錫類體
聖母無疆之愛于千秋試聽百辟之同聲咸道
九重之異數臣非木石亦有肺腸戴
德如天旣無功而受賜酬

恩何地矢宣力以自陳非愧心之金錢益勵茹蘗凜

在梁之鵜翼豈曰無衣伏惟我

皇上永言孝思恪遵

遺詔

青宮出講牖震器于離明

朱邸開屏偕家人之恒願

念人才難得毋忘白駒空谷之思

憫小民難安須廑鴻鴈劬勞之慮此則舉朝惓惓之

請而亦微臣款款之愚也臣無任踴躍惶悚之至緣

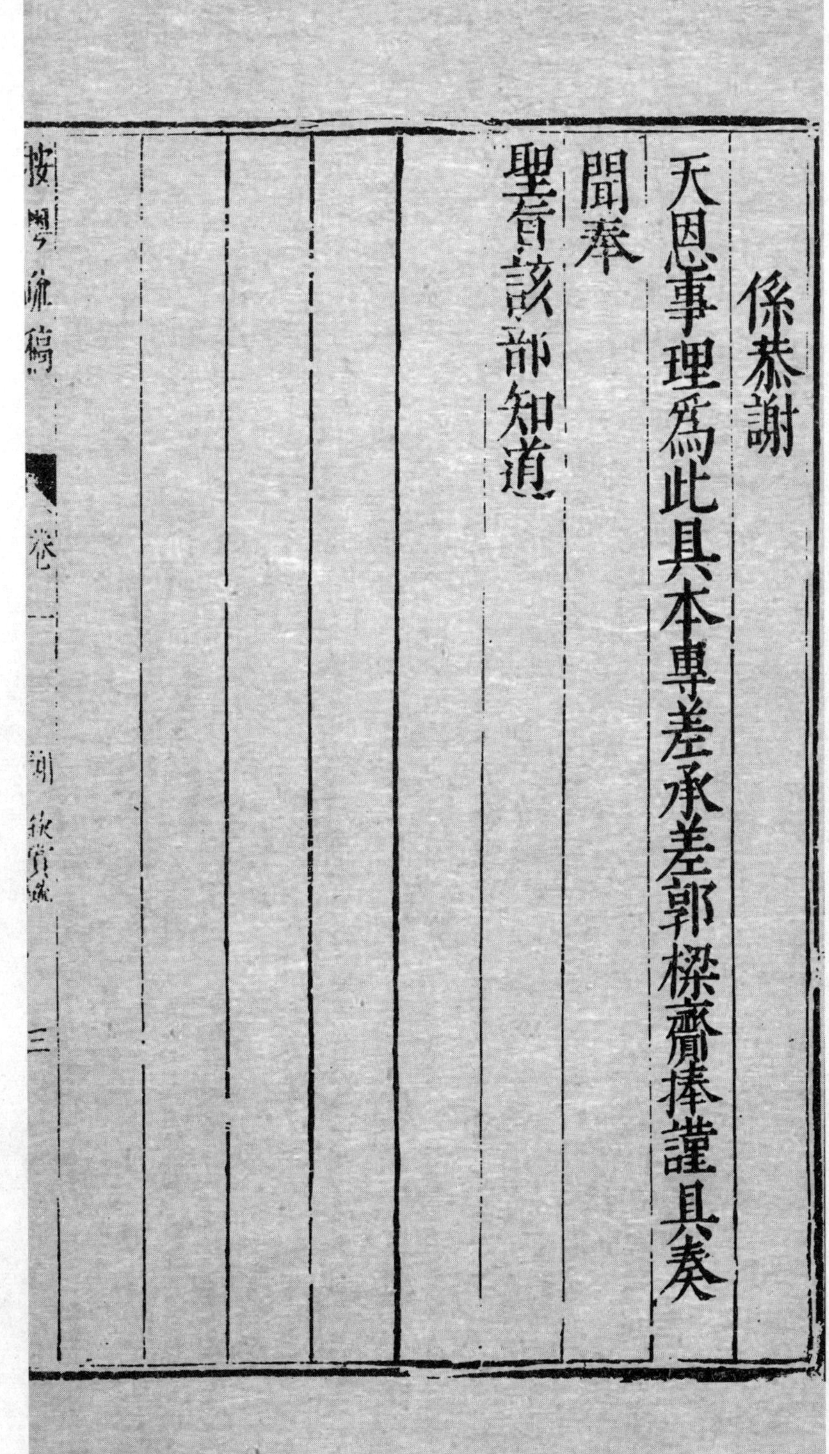

係恭謝
天恩事理爲此具本專差承差郭樑齎捧謹具奏
聞奉
聖旨該部知道

請增解額疏

題爲人文日盛解額宜增懇乞

聖明涣發舊章弘敷

新命事臣聞拔茅連茹

國廣求賢之路攀龍附鳳人懷利見之心我

祖宗重熙累洽久道化成士子鼓舞彙征蓋千載之

一時也臣承乏粵東入境以來見羣巒競秀苹

天下之奇觀萬海爭流滐實中之勝槩扶輿蜿

蟺鍾毓傑靈人握靈蛇之珠家抱荊山之璧洋

洋乎大國之風哉即吳越閩楚竝驅而駕豈多讓焉故禮闈分卷附東粤于伍省直内衡其去取而解額則獨抑之此粤士所以不平也查得萬曆四十年内外諸臣題請增額

皇上霈發下部一體議增該部覆疏已有成議廣東加伍名矣各省直亦照例有加矣惟陝西奉

命已加舉人伍名而各省留中未蒙

俞允揭榜之日前按臣王■同典試部臣查照部
議另取備中伍名榜示諸生以候
明綸而竟杳然也夫海內之幅員皆
皇上之所覆冒也天下之士民皆
皇上之所培植也呼吸本爲一體樂育原無異同乃
雨露將霈而復壅風雲幾開而旋塞臣竊惜之時維
八月
節屆萬年咸五登三正
壽考作人之日而拔十得五又

天開文運之秋濟濟多士誰非並騁
王途願羅
天網者前方伍拾
聖澤首及于三秦比及三年
天恩當徧乎六合况此五嶺之域僻在南海之濱士
業一經處孤鄉而自嘆
天高萬里排閶闔以何因是用達其跂望之情擴其
登進之路儻蒙
檢發部議量增伍名不過一

舉筆間而暗昒耀于光明僻遐登于几席傳之海隅
士氣可鼓垂之史冊
盛典於昭即舜門廣闢文德作新何以加哉目今科
場已逼屈指四月耳臣不肖職在監臨前在境
上已有題
請考官之疏計當徼
旨而粵中司道各官莫不謂增額有例
下部有
旨臣當仰承

德意爲多士請命夫
朝廷之求士如工師之求木也即曲輪直桷皆適于
用若設格以拒而使杞梓與尺寸同弃匠石必
不爾也東粤之材猶鄧林也即增伍名猶恐連
抱者不勝收而奈何以隶拾伍名爲一成之規
哉然臣不獨爲粤言也宇内之望
恩誰不如粤解額之當增亦誰不如粤以
皇上爲靳之則前之下部者何心以
皇上爲予之則後之不下者何故説者謂舊輔陰陽

其間力有獨注爲癸丑取
旨典試之地而意不在廣多士之蒐羅成
皇上之盛美至今有遺恨焉惟辟作福斷自
宸衷其誰不踴躍將順歌詠
聖明者伏惟
皇上俯從部議
亟賜擴發粵東加增伍名俾得於南卷中相爲頡頏
其各省直增額總乞
同仁一視慰宇内延頸之思彰天下同文之盛則思

皇多士欣逢萬曆四十三年
王國克生翼贊
皇圖百千萬禩矣緣係人文日盛解額宜增懇乞
聖明渙發綸音弘敷
新命事理未敢擅便爲此具本專差承差郭樑親齎
謹題請
旨奉
聖旨禮部知道

入境劾海南道疏

題爲庸劣道臣徑情求去謹據實糾叅以肅[illegible]
以保遐方事臣惟東粵僻在海濱去
天萬里法網疎闊吏治不與所賴道臣彈壓一方
率寇纓綢繆戶牖羣吏象其指而黎庶蒙[illegible]
庶幾稱保障而副
任使也先是海南道副使姚履素居官原有煩言
事多違輿論即無珠崖之役已莫逃于吏議矣
屬當三敗之餘奉有戴罪之

旨朝廷方需以責效該道且因而蓋愆其收拾于未路宜何如者頃幸二峒已犂幽憤可雪此督臣之力也將士之勞也履素可遂脫然乎哉爲履素計者懲毖以備豺狠勞來以鳩鴻鴈夫且不暇而何暇爲弛擔之舉乃該道五日之内具文向臣代

題乞休者三其詞說之支蔓意見之謬戾臣姑不縷述以瀆

天聽獨謂瓊崖何地此何時也豈道臣詎可輕率離任

者急促其回任視事而該道親對臣云業已挈家渡海矣越一日又對臣云離瓊之日士民贈帳脱靴矣嗟嗟是何言也夫挈家而渡其不可携家而反也明甚贈帳脱靴而別其不可蒙面靦顔而臨也又明甚該道此舉不其以封疆爲兒戲哉揆厥隱衷寧非計疎于亡羊情急于騎虎幸因人而成事聊藉手以卸肩乎乃該道之溺職瘝官積瑕叢議者正自多端而黎事姑不與也臣聞該道之爲人也悻悻自是訑訑拒人

節督臣之節制猶且不遵而以施于僚屬又可知已以故共事各官冰炭不入進惟面謾退有後言該道益復任意倡狂全無檢押向背皆憑喜怒賢否一任倒持指揮高焞之貪殘辱駡州官而反稱爲風力通判葛經之淫慝不齒名教而猶曲爲栽培知州林應材犯官也力主再署州印幾爲竭澤之漁州判塗必達罪魁也全不究問始謀竟成出柙之虎倨見知府每事必爲裁抑致守臣屢欲掛冠私㽞生員丈田亦令隨

行彼小民何由樂業親兒赴任私情也乃令屬官相見且有葛通判黃金伍拾兩之將誰實受之人謂兒爲名而已爲實童生考校公典也乃爾關節潛通且有潘一海白銀壹百兩之入此何爲者人且舉其一而類其餘出貢原有分地也移府學生于崖州俾其速貢何辭違

制之辜行劣所以懲姦也開有罪者以納餉准其復身難免潤囊之誚其尤可笑者吏事不通律例全瞎臣入境後該道呈詳訪犯其一爲黃見

高罪止不應而罰銀壹百兩其六一爲慕容祥亦罪止不應而罰米伍拾石夫科罰之禁明例甚嚴罰米穀至伍拾石銀至貳拾兩以上者事發問罪起送吏部降壹級用載在令甲與天下共守之者也該道身爲憲臣作此斷事乃公然投臣衙門彼字下各官誰不尤而效之而海外之民又何由得見天日哉其他物議紛紛更僕未暇縷舉姑撮其悖謬之大端有如此者據該道陳乞之文自謂審己量力精神不

能周善後之曲折注厝不克運諸務之糾紛臣竊是之此非謂戴罪之餘意氣沮而威令格實則有限之具伎倆竭而展布艱也況其輕弃泉鴻自同倦鳥臣恐遊釜之魚雖爛走險之鹿可虞將以保境和民詰戎禁慝其何日之有臣謹會同總督兩廣軍務兼巡撫廣東地方兵部右侍郎兼都察院右僉都御史今陞南京刑部尚書侯代張■叅照得海南道副使姚虞素性情執拗舉動乖張多欲少剛官箴不嚴于一室

違衆用獨敵國卽伏于同舟腹憒憒而口津津
全無實用氣揚揚而才謭謭總是虛憍一籌未
展薄長千里空懸重寄揚帆渡海豈欲爲五湖
之遊拂袖歸山聊且託二豎之恙旣僨轅而無
狀將褫帶其何辭應正
王章徐諮公論至于善後事宜容臣與督臣從長計
畫一切議兵議餉且戍且屯安揷降黎疆理田
土雖督臣自有專責臣亦不敢不竭其愚也臣
受事方新環視四封惟瓊崖初定最煩

廟算乃如該道其人者才情力量旣不能周善後之
圖識趣操持又莫掩從前之垢臣若朦朧代
題以病入
告是
朝廷無明罰而罪吏可苟逃也臣何敢哉臣職在澄
清義無回護是用據實叅處伏乞
聖明軫念海邦
勑下吏部查議如果臣言不謬將道臣姚履素姑照
浮躁例重加降調其征黎功次容奉

旨勘明另議此自文武將吏千百人共之者臣不敢
蔽亦不敢私至該道員缺若他處推補不免赴
任愆期地方需人急如救焚拯溺難以久待臣
查所屬有惠州府知府朱芹韶州府知府陳贇
生歷俸俱踰叁年已經部推副使此兩臣者器
局老成才猷明練皆足以集事合無以壹員陞
補海南道此則可朝受
命而夕赴任者於以綏靜漢夷奠安危地計無便于
此矣臣不勝引領佇望之至緣係庸劣道臣徑

情求去謹據實糾叅以肅法紀以保遐方事理

未敢擅便爲此具本專差承差郭檪親齎謹題

請

旨奉

聖旨吏部知道

請補道缺疏

題爲嶺南重地要道缺官懇祈

蚤賜點用嚴限赴任以裨地方事臣惟鹽法關餉軍

之需嘗虞鹺海防係折衝之任時慮鯨波所

賴整飭章程申明法紀塞易洩之尾閭鑿無缺

之金甌微道臣誰望焉該臣査得粵東稅餉兵

糧大半取資鹽課每年額徵正項課銀玖萬陸

千兩內柒萬解監充稅貳萬解司轉解戶部外

陸千兩解廣州府抵作兵餉其事蓋隸于鹽道

也粵西面皆海夙稱盜藪其內爲東海千支萬
派郡邑翩聯虎門而外東通閩省西接交夷郎
日本暹羅占城浡坭東西兩洋之屬皆可航海
而至是以有海防道之設最爲緊要者乃粵之
鹽道自僉事李檈設法稽查頗覺就緒而自該
道陞任之後已缺至二年矣粵之海道自叅議
喻安性加意振刷大是改觀而自該道入
賀之後亦缺近一年矣雖部推各已有人然
俞綸尚未需發臣竊惑之夫

朝廷因事授官以官責事侵官爲冒離局爲姦凡以操柄一而職掌明課效專而建樹偉也況鹽法難覈海防易疎東粵又與他處異乎臣請爲

皇上陳之夫鹽法之徼徼于客商一恒人能譚之大抵鹽艘之多寡相冒也引目之彼此相淆也秤掣于前而夾帶于後清楚于上而賣放于下也此漏卮之梗槩也然獨智如目衆藪成椎竟日而期簿書尚愁腕脫半旬而勤盤驗猶覺脛疎此可責之代庖之人否又況豪右有盤據之姦

貪墨多侵漁之孔舊引尚未盡拆而增引之功令益嚴額餉未必如期而督餉之考成難緩究此中之盈縮洞法外之機權殫力搜求任勞任怨非有專責者惡能勝其任而愉快哉海防之儆儆于總哨一恒人能譚之大抵有官而無兵有兵而無船也有兵有船而官與兵不守其信地也禦寇而或以爲寇防夷而反以通夷也此伏莽之大略也然巨浪滔天洪流沒地兩汛之期已到駕一葦以防鯨鯢四時之變不常陳三

軍而練貔虎此可責之代庖之人否又况朗夷
託濠鏡以潛窺倭奴逐風濤而謀犯不逞之土
宄造大艦以探珠池異省之流徙合姦民而遊
蜃海小之則爲剽掠大之且有隱憂加意綢繆
必勤必慎非有專責者惡能勝其任而愉快哉
此皆事理之易明非必蚤智而後知者
皇上儻知海邦需人若此亦何至視銓部啓事之章
僅同帚弃而兩道臨民之舍久令塵封耶臣謹
會同總督兩廣軍務兼巡撫廣東地方兵部右

侍郎兼都察院右僉都御史今陞南京刑部尚
書候代張[illegible]合詞上
請爲照廣東鹽法道副使已經部推徽州知府洪有
助矣廣東海防道副使已經部推廣西道御史
馬孟禎矣此二臣者卽旦暮得
旨未必能旦暮赴任蓋途遠則有跋涉之艱意闌不
無棲遲之念臣爲粵計猶竊慮之而况其從
中寢閣哉伏乞
皇上軫念遐方將洪有助馬孟禎

速賜
點用臣當促其到任視事以少紓
九重東顧之憂至於粤中司道落落晨星臣在會城
　與二司相對僅僅按察使董聾僱衆政黄克謙
　副使劉毅三人而巳提襟露肘無如此時頃者
大慶之舉藩司尚未有人而董聾僱久推本省右布
　政使亦未徼
旨所當併爲催
請者也葢清軍重任原非備位之官且保釐得人更

有同舟之助此固共事諸臣所爲引領以冀者

統惟

聖明留心檢發地方幸甚臣愚幸甚緣係嶺南重地

要道缺官懇祈

蚤賜點用嚴限赴任以裨地方事理未敢擅便爲此

具本專差承差郭樑親齎謹題請

奉

聖旨吏部知道

縣令給由疏

題爲考覈給由縣正官員事據廣東布政司經歷司呈奉本司劄付蒙前按臣批據廣州府增城縣申詳知縣陸世科惠州府海豐縣申詳知縣董繼周各叁年考滿緣由俱蒙批布政司查報依蒙行據廣州府申稱查勘過增城縣知縣陸世科見年叁拾陸歲浙江寧波府鄞縣人由進士萬曆叁拾陸年陸月貳拾伍日除授福建建寧府建安縣知縣本年拾月初拾日到任至叁

拾柒年叁月貳拾柒日報丁父憂止計歷俸伍
箇月拾柒日服闋起復赴部叁拾玖年拾貳月
貳拾肆日補授今職肆拾年陸月拾貳日到任
任内蒙巡按廣東監察御史王以寧提薦壹次
行奬壹次扣至肆拾貳年拾壹月貳拾肆日止
歷俸叁拾箇月零壹拾叁日通前連閏共計歷
俸叁拾陸箇月叁年考滿任内經徵建安增城
二縣錢糧俱已完及玖分之上又署東莞縣錢
糧計完拾分積貯稻穀叁縣俱已溢數委官盤

明又據惠州府申稱查勘過海豐縣知縣董繼周見年叄拾貳歲江西廣信府玉山縣人由進士除授今職萬曆叄拾玖年拾貳月拾玖日到任任內蒙巡按廣東監察御史王以寧薦舉壹次扣至肆拾貳年拾壹月拾捌日止連閏共計實歷俸叄拾陸箇月叄年考滿任內經徵錢糧計完玖分之上并督徵過石橋場鹽課又積貯稻穀亦已溢數委官盤明二官各項數目俱詳列在冊保民實政五事各已脩舉俱無違礙例

應給由通詳守巡等道并送到司及照會按察
司俱考稱職合應照例呈請考覈具
奏先令復職管事聽候明文施行等因具呈到臣
卷查先爲酌議考課之法以肅吏治事奉都察
院勘劄准吏部咨該本部題議今後府州縣正
官給由免其赴京聽撫按官從公考覈賢否具
奏先令就彼復職管事牌冊差人齎繳其稱職經
薦應得
誥勅命者照例

請給等因嘉靖肆拾貳年拾貳月內題奉
世宗皇帝聖旨是又奉都察院勘劄准吏部咨該本
部題議以後考滿官員不論前後歷任年月多
寡俱得通理等因隆慶五年七月內題奉
穆宗皇帝聖旨是欽此欽遵萬曆拾伍年拾月內又
奉勘劄准吏部咨爲酌議考課之法以裨吏治
事該巡按山東監察御史毛在題前事本部覆
議內開府州縣正官考滿不分薦舉有無一體
奏

聞兩廣有司亦照雲貴事例本布政司差人類繳文
冊等因萬曆貳拾貳年柒月內又奉勘劄爲治
平要務急在保民懇乞
聖明責成撫按重民事以實吏治以固邦本事該本
院左都御史孫丕揚等題內開咨劄省直撫按
諸臣如遇郡縣正官考滿總將三六九年脩舉
過五事覈實造冊并定稱職平常不稱職之差
等另報吏部與臣衙門查考等因俱題奉
欽依備劄前來欽遵在卷萬曆貳拾捌年叁月內又

奉勘劄准户部咨爲敬遵

明例糾舉違法縣官以懲姦玩事該户科查覈河

南祥符縣給由知縣王輿經手錢糧數目不同

緣由本部覆議今後如遇有司三六九年考滿

務要實填任内錢糧完欠若干積穀多寡若干

挨年順月逐項登報投科文冊與部一體等因

題奉

聖旨近來有司不以職務爲急但知苟且支吾賓緣

賄免養資待遷部科冊籍總撒尚且不對有何實

政可考此弊不獨王興一人著通行天下撫按官
今後凡遇各官報滿嚴加稽覈必須裕國愛民潔
巳奉公真正稱職方許給由陞遷如違著該部科
重叅處治毋得姑息縱姦有誤國計民生餘依擬
欽此移咨備劄前來依奉通行欽遵外今據前
因該臣會同總督兩廣軍務兼巡撫廣東地方
兵部右侍郎兼都察院右僉都御史今陞南京
刑部尚書候代張■從公考覈得廣東廣州
府增城縣知縣陸世科凝冰娉節映玉清標叅

年撫字心勞兩地循良績懋惠州府海豐縣知
縣董繼周標格風臨玉樹操持露湛金莖截兒
長才函牛重器俱稱職但係縣正官員相應遵
照
明例就彼復職除批回該司行令各官接俸管事
外再照二官課政皆屬賢良內董繼周已遇正
薦例得
恩典外惟陸世科原係補任前按臣王以寧復
命本官俸未及期止列提薦後按臣周應期物故未

經復
命督臣報陞尚在候代以致任內未遇撫按正薦茲
當叁年考最畢得
一命之榮臣惟聖明黜幽者甄別人才之大公而
錫類推恩者激勵臣子之
殊典查得萬曆貳拾玖年肆月內奉都察院勘劄准
吏部咨查廣東香山縣知縣張大猷等考滿因
三年內撫按俱未復
命且額無旁薦比照浙江山陰知縣耿廷栢任內撫

按多事不遇正薦已經給與
恩典事體相同劄行前按臣李時華會同督撫衙門
備查得張大猷等在任三年雖遇按臣劉會復
命俱以任淺例不列薦其後又值撫按並無復
命又無旁薦衙門緣是未蒙
封典既有耿廷栢事例可循相應比照題請
勅下吏部覆議
請給外令知縣陸世科正與張大猷等事例脗合伏
乞

勑下吏部再加查議將知縣陸世科董繼周照例造
冊類繳部院覆考及將陸世科
封典查例覆議
請給施行
恩典出自
上裁非臣所敢專也緣係考覈給由縣正官員事理
未敢擅便爲此具本專差承差魏應茂齎捧謹
題請
旨奉

聖旨吏部知道

縣令給由疏

題爲考覈給由縣正官員事云云該臣會同總督兩廣軍門張鳴岡巡撫南贛孟■從公考覈得廣東南雄府保昌縣知縣翟事心醇衷坦履樸質貞操撫疲澤起溝中理劇神遊象外稱職但係縣正官員相應遵照明例就彼復職除批回該司行令本官接俸管事外伏乞

勑下吏部再加查議將知縣翟事心照例造冊類繳

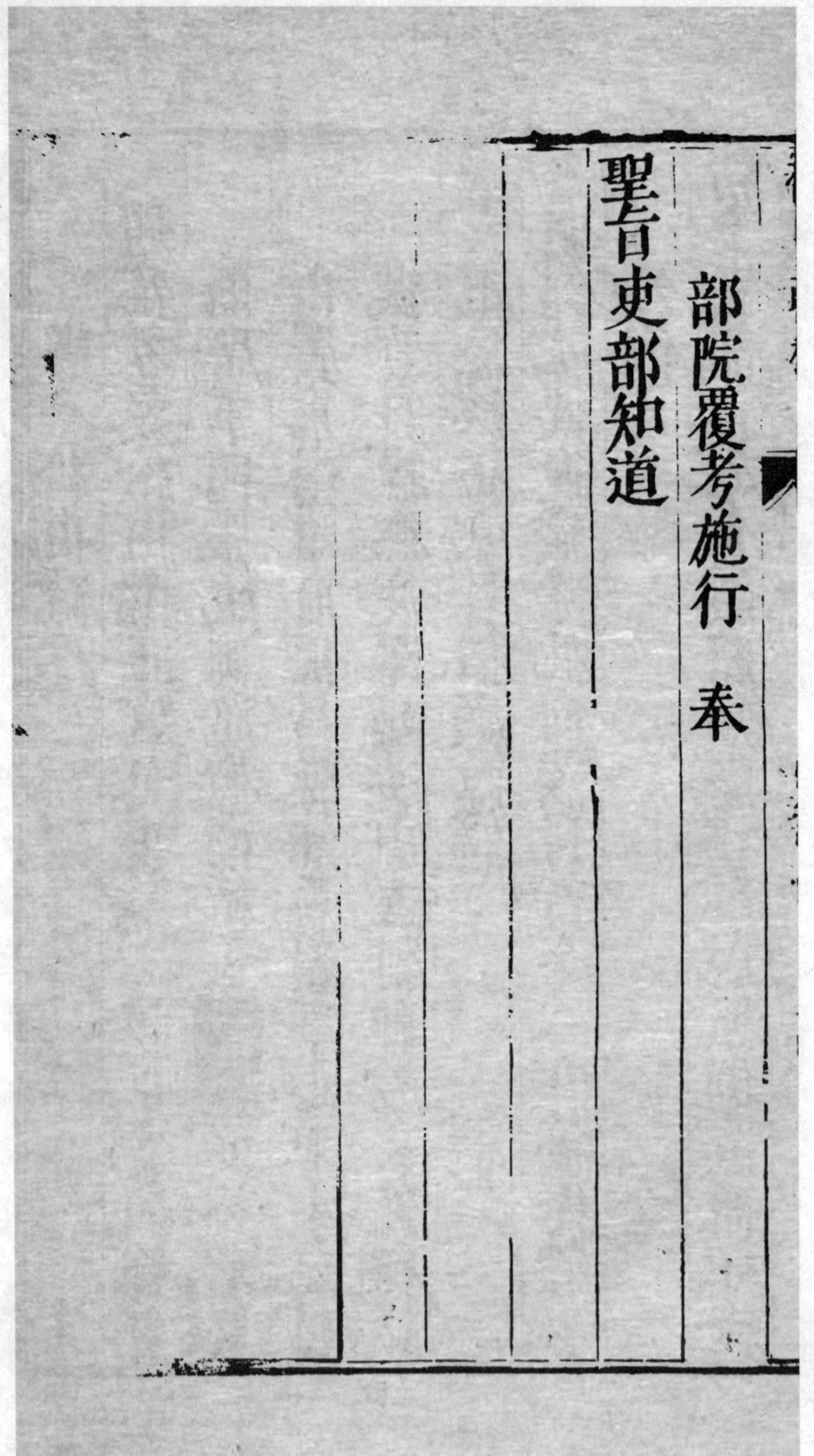

部院覆考施行　奉

聖旨吏部知道

入境劾有司疏

題爲糾劾不職有司以飭吏治以安海邦事臣不肖濫竽東粵之役拮据匪懈於今叁月矣以粵之多艱兼歲之不易民生日蹙莫卹所底無日不討吏治而申儆之誠與有司之賢者敦節愛之規袪惰窳之習庶幾宅堵安而城社肅元元有所託命也乃或恣睢者忍于竭澤而闒茸者適以養姦其爲民害均焉況復有決裂官常蕩踰名檢且爲漢吏所共憤而士庶所咸羞者詎

可一日緩其糾彈哉夫鷹鸇非臣志也然使駑驥同羣淄澠無辨何所恃以風示羣吏夫惟不肖者黜而後賢者之撫字益彰將懲之中有勸之用臣之業在斯矣敢不圖之是用詢諸司道質以輿論得其不職者四謹會同總督兩廣軍務兼巡撫廣東地方兵部右侍郎兼都察院右僉都御史今陞南京刑部尚書侯代張[illegible]據實爲

皇上陳之訪得瓊州府撫黎通判葛經榆枋短翼樗

櫟散材塗面喪心穢迹一言難數貪財好色醜聲萬口諠騰甫到任而濫收各役肆伍拾人以陸兩叁兩爲程纔伍日而入囊貳百署刑廳而日進詞狀二三十紙有明進暗進之例僅半年而捆載千金詐礪僧舍符起鳳銀肆百兩詳委管營及道將不從則徑委征黎而致抱由反戈之禍私索監祀曾國棟銀叁百兩許爲出脫及事已無濟則分文不吐而有財命兩失之悲因京債而借府庫壹百兩因子歸而盜僧庫貳百

兩庫吏鍾太運趙希賢竟爲敗累藉過山夫馬而索哨官每名拾兩藉到崖賫見而索土舍每名伍兩哨官龍思讓等土舍陳應元等無不吞聲𥗽吳應朝金貳拾兩𥗽沈承山金拾兩皆未給半價而被𥗽之沈維宗且持刀拚命矣究竟金叁拾兩止得銀捌拾兩何怪金溝之沙户疾首遠逃勒洪文等細段數百疋勒康文等沉香翠毛等物數拾斤皆全然無價而領價之李皮匠且死于杖下矣甚至以銀肆兩易綉被拾張

固宜保長邢邦彥當面執稟以訪犯爲利資則
惡舍苻秉忠以叁百柒拾金獲免而貢生王顒
以嚇詐不得開訪士類誰不痛心以庫吏爲奇
貨則顔志仁王礎鼎吳邦相等各叁肆拾金有
差而吏役陳應兆以常例稍緩責監若輩僉爲
切齒吏目陶應隆請託百兩之入尚未厭心則
中以劣轉而運餉官沈吏目等不論米之完欠
各索拜見銀拾貳兩可謂有
王法乎典史李尚文沙金百兩之價不盡如意則到

處揭害而緣事官陳千戶輩駕言拘拏家屬索其子貳拾金可謂有人心乎原被恐逼綫索如陳思蘭之壹百兩林鳳翔之肆拾兩程文王學顏陳响等或叁拾兩或貳拾餘兩一槩收納何其忍于剝削脂膏上下但憑錢神如甘聞詩以挾官而索伍拾兩王秉濟以逼黎而索肆拾兩柳思元吳希桃苻觀胄等或賍情或八命槩以賄成何其敢于弁髦法紀塾師陳心蘊訟東脩未完細故也而罰學父汪君瑞等拾叁名各有

力杖罪真如啖肉之餓虎巡檢馬麟申閩客鬪毆小事也而罰承行吏梁惟祚陳朝熙共銀柒拾兩毋乃蹊田而奪牛聽才軍孫履濟假丁祭而取鹿于黎村無者折銀叁兩陳應舉等之受害可質差腹阜陳周藉火藥而索鉛于各里無者代價拾兩劉二等之被詐堪憐至其索償崖錢糧羨餘每兩加三則排年陳廷策等有口也索償崖各吏贄見多至數百則差阜杜奇等可問也礪兩廳各役工食扣除入橐則縣吏黎潔

能證也署州而州吏不堪其求署廳而廳吏難厭其欲則王兆麒王學周可質也乃其性情顛越勇怯失常又可異焉委招黎則却步而不敢前空竊官銀百兩爭署印則竭蹶而惟恐後立斃轎夫叅人至今瓊崖官民誰不怨入骨髓而尤可憾者本以至貪至酷加之最荒最淫暱比頑童已可笑矣而部民妻女必隨處納之帳中官吏宿娼已可異矣而逆旅主人亦多方亂其閫內收戲子吳瑶等爲門役每日置酒酣飲男

女雜沓人有戲酒館之謠窺抱旺村井上多婦人因自結廬井旁誘引行姦人有葛公井之號奪縣吏吳惟先之妾李氏寄生員沙獻章家未已也而班軍劉魁之女廳吏吳鵠之女王少玉之後妻徐千戶之育女俱謀爲妾及其往崖之日又買肆娼名爲四喜見有哨官游我榮領假寵積皁夏清之妻洪氏朝夕寢處衙內未已也而門子葉秀之妻民壯陳三之妻差頭彭理之妻州吏李成芳之妻皆被其汚及其出市閒遊

又引馬家嫘八陳家嫘六入内皆由門子王俊等私通鈕娼婦爲易與則本府之玉眞紹娫海口之瓊琚臨英儋州之月眞小龍皆桑中契也而韓姑娘周姑娘及巫婦小元之類無不茍合胡大勳甘勝等可查乘居停之可欺則劉懷南當壚之婦宋應龍在室之婢邢思賢巳嫁之妹皆垝垣約也而宋振宇吳詢及曾重兩子之妻所至招從小德壽香等難掩此一臣者貪類豺狼逢蠆莫踰其毒淫同鶉雀徇彘不食其餘棚

拾城共傳之笑談千萬家欲逞之公忿臣初甚
駭甚疑以爲何至如此及據司道之開報與各
官之面言無不怒髮衝冠按劒欲殺者夫且不
可列于人類而況可濫厠衣冠哉除臣一面遵
照
會典牌行按察司拏問外所當照貪例革職爲民
仍行臣正罪回
奏以快人心者也廣州府連山縣知縣涂表神情
昏濁才幹疎庸絃轍未更足欲前而自却苞苴

是急志在得而多營以衙門爲市則内而僕從外而吏書門皁無非需索之人視小民如雠則官取一分各役又勒謝一分備盡誅求之孔錢糧徵收原有司頒法馬也襲大等加耗之陋屢飭不悛于是每兩秤頭多至壹錢伍分非庫吏黎上用被訪釐正不顧物議之已騰縣官供應原有本等俸薪也仍里甲在官之規隨處取用於是每排私費多至百有餘兩彼排年黄李莫欲言無繇吁嗟衆怨之已嵩滿李秀奇以哨官而

勒索旗隊借名衣甲鞍馬及各兵具告宜正法矣而竟從寢閣則門子成貴香叁拾兩之入也何以免梁鎮高等之後言韋李清以千總而私置冠帶分明越禮踰閑及陳勝谿告已提問矣而卒于沉埋則門子張可淮肆拾兩之入也何以謝陳堯等之巷議人命重情也李勇禍仕文送官叁拾兩送管家伍兩假手于門子黃唐保而事已無恙矣孟泰董萬舉等可證也姦妹大惡也蒙球送官壹百兩謝衙役叁拾兩假手于

民壯莫炳而事已從輕矣蒙愈石安等共知也所可笑者兩造之事理未能剖判而反索賄于理直之人如蒙希周祖瑩被郭世科侵葬世科反控發塚索希周銀貳拾肆兩承行吏黃天翎復局銀伍兩笏坐徒罪於義何居彼屈於該縣而伸於刑官贓私且畢露矣所可恥者四境之摎求未肯厭心而復垂涎于猺夷之峒如本年突爾遣牌入峒查點猺民屬千長陳景鳳等科斂計拾肆峒每峒送貳拾伍兩共銀叁百伍拾

兩飽載而歸於顏何厚彼謂官實撫我而反以浚我黨羣孽且萌生矣受民壯黃連之拾兩而與以差頭紛遂乘機索碼嚇盜牛人犯李龍銀柒兩以後何所忌哉不爲長姦之府乎受牛屠唐志賢之拾伍兩而恕其私宰彼遂多方結納謝張可淮貳兩陳勝壹兩伍錢以後誰其禁之不爲誨盜之罔耶此一臣者姦由叢生不戒公庭之狐鼠政以賄敗罔憐里左之雞豚觀其冥行不悛業已改圖無日怙終自弃永斥非苛所當

照不謹例冠帶閒任以微官邪者也潮州府揭陽縣知縣謝應謨斗筲小器蒲柳衰姿地近枌榆不念瓜李之當避性耽麴蘗更惟谿壑之是圖主簿吴應時以同鄉而私暱凡事信其屬託貧民陳楚先不遂指詐則屈坐人命見者皆爲惻心門子柯清以龍陽而取憐凡事任其憑藉富民盧尾崔與之私通則罰戲一臺聞者皆爲絶倒白糟之接濟有禁矣本官朦朧放行以致潮郡穀價騰湧倍常民間已不能堪乃其子藉

口出海回閩夾帶各船無數地方怒目而視莫敢聲言比寨巡檢司出水單簿可查也烏船之私般有禁矣本官通同作弊以致肆百餘艘先後都放形迹已難自解乃其家每隻得銀拾兩頻以家書報收閩兵有挾而來公然鼓噪承行吏陳明臣號簿可證也穀餉屬佐領徵收有成規者乃受監生黃廷墩買求銀壹百兩准其冒役由是秤頭加重合縣沸騰稅畝係糧錢二科有定例者乃受架閣庫吏黃雲合花紅銀伍拾

兩淮其攬收由是報拏紛紜四境騷動借監生鄭金林如綺每人銀貳百兩致被百姓徧帖城市不敢槩借別家往索者門子李英也受日生謝思國林如欃花紅銀壹百兩委收本府發縣俵糴任其科斂各村轉付着庫吏李用行也錢神有靈則吳氏告中書邢鏞人命得銀貳百兩謝其臨輿葉大私和人命得銀壹百貳拾兩皆皂隸蔡鳳陳拱爲之私通衙虎用事則積壯張錦等唆賊甘二扳良洪瑞宇朱南潮共得銀壹

百壹拾兩唆賊洪阿旦扳良許亞大吳逹宇共得銀捌拾兩皆黨棍林省雲陳南松從中代送封富民林朝揩之倉用賄得釋受生員宋亮勳之餽每事潛通明以利飾喜怒也供應取之里甲成志等派費難堪餽遺收及鋪行林茂等金幣都盡是以民爲筐篋也他如嗜酒而吐穢于儀門沉醉而便溺于轎上此皆士庶共知一邑譁然者况該縣去原籍密邇親戚往來家人出入歲無寧刻其漁獵亦何所不至哉臣今見巡

潮州放告之日獨該縣呈詞盈案臣因嘆縣令苟能親民何至使閭閻如此已而密諮輿情大有物議此一臣者宅念甚齷疵政未除害焉以人從欲素絲殊愧羔羊論其大節已虧難云小懲示誡但歷任尚淺永弃堪憐姑存一綫徐俟後效所當照浮躁例重加降調以示懲創者也高州府電白縣知縣莫與高迂疎天賦木訥性成智昧燭姦魍魎潛營三窟才疎立政神明不附五官錢糧委之吏書任其模糊報數逋負者

十有五六全不稽查文案束之高閣任其沉匿
累年完割者十無二三何曾清理庫吏謝天德
盜軍餉銀壹千肆百有奇以銅抵數朦朧起解
及吳川驗明發縣犴不嚴追本犯而聽彼妄捨
詿譌致池魚有飛逮之殃刑吏周德縱放獄犯
吳勝舉等夜出竊盜得贓瓜分及曾聖訐告到
府犴不防閑禁卒而一任後吏效尤恐柙虎有
旁逸之患梁茂容告梁奇凝人命也承發吏李
占揚索奇凝銀柒拾兩送官又自索貳拾肆兩

憑朱載道過付而前案遂沉張進祿告蔣亞鐵盜情也書手鍾見昌索亞鐵銀叁拾兩送官又自索貳兩憑王允過付而前件不結陳必卿以肆拾兩而陳子賜飛冤之告不行交吏者許道權也倏起倏滅提掇明有機絲李良希以伍拾兩而吳盛龍蔑軍之詞竟置交書者莫貴也如取如攜玩弄何殊木偶詞訟冗襍憑吏梁大任譚惟新等自擇承行任意標拘任意銷號毫不察也以故通同積役需索瓜分阜壯周昌路勝

等牌票滿身而本官不覺印信疎虞憑吏區任
吳傑等私自行使或靜坐衙內或拜客市中全
不照也雖以童生續案亦用印私添府吏譚昌
祚等目擊竊笑而本官不知鋪兵吏役常事耳
乃一鋪報至十九人槩行拘拏及杜應科不應
而屈坐搶奪追賠皂差役蔡銓之狡矣神電倉
儲重寄也乃盜貳千壹百餘石憑吏私兌及官
軍領糧而始知倉無餘粒中戶吏區大成之姦
矣其他夫馬之無藝聽斷之不明佐領之橫行

窮簷之騷擾有難以枚舉者此一臣者一籌莫展空負七尺之軀六案徒棼難寄百里之命政雖不虐民已遭殃誰實長人可令尸位但其操守未大敗壞而誆詐多由羣姦赤縣未許宜民青氊猶堪訓士所當照不及例改教以全器使者也臣又查得粵中往例按臣入境論劾不過二三員而臣所刺者四取數爲稍溢焉則有說巳粵地寥闊法令易弛前按臣周應期巡歷巳周激揚未舉此賢者之不幸而不肖者之幸也

臣承其後固不敢過于苛索亦何敢務爲優容

是用多摘一二以補前事之闕而據臣所聞當

刺者似不止此茲特其已甚者耳容臣再加訪

確果係怨騰一路旦夕難留者又當以白簡隨

之臣敢屑越

明命泄泄從事哉伏乞

勑下吏部再加查訪如果臣言不謬將葛經等分別

罷斥議處葛經仍行臣等擬罪回

奏遺下員缺另行銓補庶不肖者有所儆惕而于

吏治民生有賴矣緣係糾劾不職有司以飭吏
治以安海邦事理未敢擅便爲此具本專差承
差程鏡親齎謹題請
旨奉
聖旨吏部知道

入境劾武職疏

題爲武弁貪肆無忌謹據法叅處乞
賜褫斥以重邊方戎務事臣惟粵之欽州自叁拾陸
年殘破以後當事者懼禍之延
請移羅定守備壹員以鎮之而督臣慮兵少難于彈
壓復添設數百名俾之統轄任不重哉使膺是
任者廉以持身寬以鄭士峻華夷之界而愼安
攘之防不爲海邦一保障乎而奈何有放恣敗
檢黷貨挑夷如守備張兆鶴其人者臣詢諸司

道叅以聞見得其穢狀頗悉義不可容謹會同
總督兩廣軍務兼廵撫廣東地方兵部右侍郎
兼都察院右僉都御史今陞南京刑部尚書侯
代張鳴岡叅看得守備欽州地方以都指揮體
統行事署指揮僉事張兆鶴才疎識短性猛心
粗領兵剝兵部伍興嗟于竭澤禦寇釀寇疆圉
時見其撤藩以到任家火爲名派欽靈二所銀
叁拾餘兩派把哨銀拾餘兩各營大有後言藉
衙門公費爲號扣陸營每兵叁錢壹分扣水營

每兵叁錢伍分饑卒疲于奔命各季紙劄之科斂已悉錙銖矣乃每年四節生辰索公禮有拾兩捌兩者私禮有叁兩貳兩者甚至帶管缺總既科送守備禮又科送把總禮又科把總送守備禮何其可笑也柒拾餘名之役占已空信地矣乃每名納銀不足仍每營取隊長貳名供應買辦每百兵取兵肆名長短貼差甚至乘散糧而收腰牌貳叁拾面藉驗牌而扣糧銀兩叁箇月又藉閱操收操而每營取銀拾兩何其無厭

也缺兵不報無非利曠餉之可漁而新兵應募先索牌甲陸錢舊兵在門每日打草壹擔以致各兵裹足不入什伍多空把哨拜見旣巳有程席之常例而把總到營索銀壹百叁拾兩哨官到哨索銀叁拾兩以致各官疾首難堪缺懸不補民婦被劫突拏平民林瑞禎非刑酷拷逼供莊見等貳拾餘家及李逼判緝獲眞賊而破家者巳纍纍矣屬夷何辜妄圍蠔丫等村捉人勒贖驅逐阮氏等入山餓死非袁知州力爲招撫

而被害者且洶洶矣龍門蜑户出海下箔法所不禁也而每箔勒銀壹兩聽心腹余大受拏麥應龍收監致彼鬻女賣船盡猒虎狠真是剝膚吸髓那蓬蜑船拾捌隻出海開礦法所應禁也而每船索銀貳兩且親坐捌槳船率衆究取醉後披髮仗劒自稱真武分明病狂喪心主哨官劉思鳳默藏信石壹塊誣老客葉時秀通夷勒銀陸拾兩矣又令塘兵陳朝以前法誣利羅而得銀叁拾兩豈非魍魎之行主塘兵王勝將清

水段丈餘誣逼事黄時愛逼夷勒銀叁拾兩矣又因峒官禤良猷家人采草織席而嚇銀拾兩何異穿窬之盜他如受詞而打死陳汝璜之女爲市德于兵也而不顧民間之塗炭瘖揭而傾陷陳德器于獄爲索銀不遂也而遑恤若輩之怨咨不但此也稔車山夷地也而把總譚三達至此被殺又須謝清等叁命則本官之差買楠板也譚三陽之告詞可憑那本村内地也而哨官鄧演消妻子被擄且殺黄亮等肆名則本官

之全無防禦也楊副總之申文可據又其甚者人謂其差高永奎與夷人通書此其故固爲買夷珠也不畏外夷之眈視乎更可疑者人謂其差鄭惟傑與夷目約言彼其漸殆將開別釁也不虞邊防之決裂乎此一臣者張吻噬人共歎脂膏之已竭開門揖盜寧知鎖鑰之當嚴所當亟行革任回衛者也伏乞

勑下兵部再加覆議如果臣等所言不謬卽將張兆鶴革任守備員缺另選廉勇將官壹員頂補嚴

限赴任庶武弁知儆而邊隅有攸賴矣緣係武
弁貪肆無忌謹據法參處乞
賜褫斥以重邊方戎務事理未敢擅便爲此具本專
差承差梁埼用親齎謹題請
旨奉
聖旨兵部知道

覆叛獞招由疏

題爲叛獞就獲亟

請正刑以伸

國威以杜後患事據廣東按察司經歷司呈奉本司帖文開稱本司問得一名黄貴廣西歸德州獞目因有廣東羅定州二都三都地土成弘年間盜賊踞荒時有黎尚灝等故父黎民懷等祖父壹拾叁家招集岑藤二縣獞人黎寛等開墾管業折納輕齎萬曆元年賊復猖獗有獞人韋

朝會廖公安等私招貴故父黃吾前來把守陽春羅定境界至萬曆叁年黃吾被賊殺死並無獲功給田情由萬曆肆年大征伍年蕩平建立州治續將輕齋議復民糧黎民懷等共承米貳百伍拾玖石黎寬等共承米叁百叁拾柒石捌斗零各照管業後拓建州城又追納田價銀陸千餘兩助工萬曆拾壹年排年彭朝彰唐宅眞等見得黎民懷等管下獞田頗有利益挃惑獞衆告復輕齋將彭朝彰唐宅眞等問徒叁拾肆

年有李朝集查知貴父原因防賊被殺可藉口爭占前田往彼向貴說知貴就不合乘機啓釁在彼土官黃繼芳處領給關文僞執故父原與韋朝會等私約統帶叁拾餘人并帶弓刀前來羅定州虛張威勢挾取前田煽動猺獞互相驚恐蒙本州吳知州撫安獞民拘貴到官審勘前田已有定業無容變亂貴所執告私約無據原出李朝集勾引啓釁將李朝集擬罪申詳羅定道并兩廣軍門戴尚書批允將貴發回原籍訖

貴懷恨在心至肆拾壹年聞知黎民懷等男侄黎尚灝等田有寬餘向批徸人陳海等耕種納租近來收租苛剋海等文懷不忿貫欲乘機搆爭彼土知州承襲男黃道明知不禁容縱胡爲致貴恃强帶梁理黃保等前來陳海等家用言煽惑信從與貴具狀捏稱羅旁大賊殺擄荒田米壹千肆百餘石貴父帶兵自備糧械征平有功給田家兵據耕膳守聽調父故貴幼被黎民懷等攬納白占等虛情陸續赴撫按衙門告批

羅定道抄詞發州比貴要得鼓衆謀叛又不合
密串韋用陳海等煽惑各峒狠獞造刀置器待
時舉發蒙州將貴等問擬不應杖罪具招解道
蒙批再審貴不服斷見得羅定東西二山營兵
奉文調往征黎地方防守單弱容易逞叛遂潛
回原籍又不合商同黄保亦不合與黄榮聽允
故違强盗積至百人以上不分曾否得財俱照
得財律斬隨即奏
請審决梟示事例假稱報效征黎招集失記姓名狠

兵數百名各帶盔甲器械貴又携帶在官妻龍氏挾令在官農陳亦不合畏威聽從挑擔行李於肆拾貳年拾月拾肆日自安鵞山經過突入羅定西山前營地方到貴子營草坡吶喊屯劄拾伍日轉入鍾村放砲立營豎桅揸旗比韋用陳勝李貴等亦不合故違前例操戈嘯聚貴又不合妄傳令牌令箭招集谿峒猺獞從者許給與土田不從者封刀令人綁縛到營致各處猺獞爭相附從衆至貳千鄉村人民驚懼奔竄有

西山前營朱把總及函口所各將貴等突入境内高豎旗號屯營吶喊等緣由詳報羅定道蒙道呈請總督兩廣軍門調發附近標兵及北岸裹海總哨官兵并行兩廣李坐營督帶標兵馳往羅定協同東山紀叅將防禦連請軍門給牌曉諭很衆解散并由詳報按院又移行紀叅將前來羅定隄備又傳牌示諭本土猺獞毋許妄動串督地方排門保甲人自爲守軍壯等役協力防禦是晚貴見人衆無糧要得劫掠以充日

食遂與韋用等連日焚劫各處鄉村擄掠居民李道綱等各家錢糧衣物牲畜酒米回營均分食費訖有在官陸德金鄧鳳黄應奎農貴卿白元潘秀成各亦不合聚謀響應尚未同行紀忝將帥與羅定道會議就計差官持牌前來貴營諭令頭目速赴聽令出征意欲解散貴又不合抗令遷延稱說見有貳千餘人尚有壹千在信宜未到候齊到聽令後見黨衆漸散哨兵又把截要路遂統帶徒黨出營揚言聽點吶喊操旗

擁至函口分劄前後兩屯相為犄角披甲上馬擁帶前屯陸百伍拾人赴見本官責諭立功贖罪尚後屯人數衆多諭令散回貴恐黨散勢孤違抗不會遵又不合傳號一呼兩屯徒黨齊喊拔營徑入三都新容地方距州城叁拾里據險屯劄埋伏藥弩抗遏官兵宰牛立誓傳箭七枝號召黨與希圖攻劫州城因見各路軍兵赴援移劄雲致地方被官兵四面追迫放銃燒營一齊起程走避岑溪大峒地方紀參將將貴潛遯情

由呈報軍門蒙牌行羅定道并廣西蒼梧道督行西山趙副總兵潯梧劉叅將約會擒貴比貴回至中途尚欲聚衆舉事擅摽硃票仰頭目黃振灣等集齊各兵帶器械米糧赴羅定州交戰當將黃振灣等擒獲貴又寫票壹張仰各總目速去召兵聽調右仰第四豹總目韋用准此等語韋用仍不合聚集貳拾餘徒劄營雲罩山頂宰牛犒衆當獲韋用餘黨逃散又拏獲陳勝陸應吳法受陸德金白元潘秀成黎朝鳳等俱陸

續達賊仗解羅定道。比貴思得徒黨擒拏只得
潛帶龍氏與黃保等。密往至南寧地面有廣西
總兵府原差把總江有功黎盛陶學設計密緝
至南寧府藍村地方渡江船中擒獲貴與黃保
龍氏解赴軍門蒙責發府監候牌行嶺西兵巡
道審原獲黃貴始末根因仍移行羅定道將黃
貴近日入境所犯罪狀會審的確呈詳蒙道轉
行肇慶府會同羅定州審報蒙府行州提審解
詳蒙本州商知州審看得土狠黃貴假託征黎

陰謀襲地擅兵入境移營召衆焚掠平民殺傷
捕役合先後情形按首從法律黄貴首惡死有
餘辜韋用陳勝陸應等助亂法何可宥具由連
韋用等解赴羅定道詳審又蒙羅定道行府發
州覆審無異解府蒙本府戴知府會同理刑林
推官審得黄貴歸德州很目也萬曆叁拾肆年
貴爲李朝集勾引混爭土田業經特提土官戒
飭而待貴以不誅者亦開其自新之路耳不謂
梟獍難馴桀驁不悛糾黎氛未靖之時遂有改

冊占田之控臨審之百陳兵執械要挾必從則謀叛之形已見及州官招撫申報復驀逃回篤言征黎操戈犯境樹幟屯營飛矢傳檄則謀叛之勢大張先劄二都後劄三都以逼州城編營四山遞列九豹擄掠人畜焚燒廬舍豈復尚知有

王法者耶幸部院威靈赫濯腹心將吏臂指貔貅策力驅逐稀突很奔而江有功等三人遂弄之股掌生致之轅門矣查律有強盜已行得財者罪

無赦謀叛同謀者罪無赦例有積至百人以上
不分曾否得財者罪無赦今黄貴犯三罔赦之
愆應肆市曹之戮韋用黄榮覃公寫倚爲心腹
黄保陸應陳勝吴法受黄灣李貴用爲爪牙總
爲同叛之黨應擬斬之律陸德金鄧鳳黄應
全農貴卿黎朝鳳白元黄振灣蘇朝信潘秀成
農陳或被利啗或被威脅與謀未行斬不無
可矜擬徒亦足示懲貴妻龍氏依律給付功臣
之家爲奴該州土官不能鈐束應行戒飭陳海

等嚴提另結具招呈詳間有覃公寫病故訖將
貴等具招解道蒙羅定兵備道王副使會同嶺
西兵巡道顧副使覆審看得黃貴以西粵土狼
垂涎羅定民業鼓衆騷擾已非壹次邇乃託征
黎而大集狼兵挾狼兵而坐要田土據稱伊父
黃吾平賊有功給田合同可證案查羅旁大征
在萬曆肆年蕩平在萬曆伍年而吾已先死於
萬曆叁年矣吾以何功而受賞况合同又係遠
年私約竝無印信可憑前官已審係賊等之僞

爲矣貴復以之蠱惑徭獞給以奪田分與以欣其從不從者輒封刀綁縛而威制之以故旬日間聚衆數千始而劄營函口豎旗放砲吶喊蹂踐我土地繼而移寨三都傳箭召黨睥睨我城池擄掠民財無數斬傷捕兵伍人虎踞狠吞貴豈特欲分割土地而已哉直視羅定爲囊中物矣蒙本部院發兵遣將檄馳兩省交捕兵威大振醜類消魂方肯撤營潛遯然而逆謀尚未已也設立九豹分布各山以圖復逞約戰之書公

然投遞糾黨之牌紛然四出何物么麽敢恃終若此哉幸將士齊心鄉兵奮勇有躡尾以追其去者有扼險以拒其來者有梭山以摧其黨者勢窮力屈始決歸計而就縛於西總差官江有功三人之手者叅照黄貴包藏禍心窺占版籍聚衆負險殺害官兵叛形已著梟首奚詞韋用黄保陳勝吴法受李貴五人者糾合羣醜以翼元兇謀而已行罪與貴等陸德金鄧鳳黄應全農貴鄉白元黄振灣潘秀成農陳八人者或愚

而被誘或慨而被挾尚未同行姑以徒擬未獲
陳海梁理吴扶朝覃太鄧學坤嚴敍另結賊妻
龍氏没入功臣家爲奴歸德土官縱目横行宜
嚴戒飭蒙將黄貴等具招連人卷解赴總督兩
廣今陞南京刑部張尚書詳審蒙批仰廣東按
察司覆確招解蒙司轉發廣州府羅知府會同
理刑潘推官會看得黄貴狡貪龔地虎踞擄民
虐肆白挺之雄逆嘯綠林之黨誠渠魁罔赦者
也梟有餘辜章用等協謀共行亦應同辟而陸

德金等情或刼制分别擬配貴妻龍氏没入功
臣家爲奴俱爲當罪各照原擬具招連人解詳
到司該本司覆審得黄貴以歸德之土目覬羅
定之民田很心不悛螳臂復振藉征黎合烏壓
境到函口樹幟屯營歃衆以徼易得之土田封
刃以示未然之威信遂令附聚者業餘貳千計
刼擄者詎止數百家宰牛誓師飛箭召黨直已
唾手乎城郭豈知弁髦夫
王章追該道奉令督兵專將馳諭迺猶恃險置部標

硃派山蔴爾么麽公然約戰欲何爲哉幸仗本部院威靈旁暢諸將智勇兼資密布機關潛消醜魂而江有功等之行擒於是始快罪人之斯得矣使其先駕馭之無術追其後爪牙之少疎則一夫走梃不幾爲兩省移患耶叅照得極惡逆酋黃貴者貪狡蠛蠓重辱本部院之白簡蹂躪邊鄙敢戕我老幼之蒼生詭稱有制之兵巧投征黎報效之隙顯犯無將之戒妄傳逆謀交戰之書九豹分屯兩省交警亟需梟示用創邊

隅其韋用等五名朋黨協謀景從煽禍同行有跡駢斬何疑陸德金等八名雖起渠魁情原脅從似宜開網姑示徒懲而貴屬龍氏武夫己力而拘諸原婦人合矜而免諸國所當照例沒入功臣家爲奴者也至歸德州土官本以統目爲職而任其橫行不軌何以統爲應嚴戒飭以儆將來等因到臣查得接管案籍先據羅定州申稱狼兵梁理黃貴等聚衆百餘名各執兵器要挾各峒狼獞聽從詳請給示禁諭等緣由該前

按臣周應期批佷兵梁理等旣在地方耕守卽爲吾民所告黎尚灝等欺隱事已批該道審究矣各宜安分歸農靜聽官府處分止許一二頭目在官聽審不許擁衆滋擾如違卽將倡首之人拏究羅定道給示曉諭遵守繳去後今據前因該臣會同總督兩廣軍務兼巡撫廣東地方兵部右侍郎兼都察院右僉都御史今陞南京刑部尚書候代張鳴岡看得羅定僻在萬山界連兩省固新造之地而易搖之民也然生齒息

干底定之餘漸稱樂土田業分于承糧之後無庸越疆乃有廣西歸德州狠目黄貴者屢持僞契以混爭節經官斷其無據貪謀未遂兇性勃張適各兵當抽調征黎之時遂聚衆爲乘虚批吭之計揚旗放砲傳箭封刀以從征爲名以爭田爲實以給田爲招來之餌以綁縛樹恐嚇之威由是猺獞附從遠邇驚散不過數日有衆貳千焚劫鄉村擄掠編户時督臣下防禦之令道將爲解散之謀諭之出征不日尚待後兵壹千

則曰姑候爭田明白命之聽㸃則前屯擁帶以誇武後屯不散以爲援迨函口之分劄無成而三都之結營愈逼宰牛立誓據險觀兵此其意固將不利州城論其鋒幾于未易撲滅幸我兵之聲援已集而彼賊之黨與漸孤自知不濟而潛逃猶欲召兵而再舉立食血同盟之誓傳刻日交戰之書硃摽有憑票簿見獲彼輩用聚徒于山頂隸勝挾牌于身邊以彼姦徒皆貴心腹若非監村計窘中流被擒雖竄伏于今朝終爲

患于異目故首惡之就縛殊可快心而坐困之
機權似尤得策也除效力人員聽督臣獎賞外
叅照叛目黃貴本來狠心敢掉螳臂爭四十年
承糧之土明背版章聚二千衆不逞之徒顯干
天憲兩屯勢合九豹部分令箭令牌矯竊橫行豈止
嘯聚傷人之盜僞印僞票紛馳四出何辭叛逆
不道之誅韋用黃保陳勝吳法受李貴以蠆尾
之幺麼冒鴟張之大戮作不軌之羽翼聚黨成
羣逞無將之戈矛挺兵直犯均爲助逆並擬伏

辜陞德金鄧鳳黄應奎金農貫卿白元黄振灣潘
秀成農陳或無知而被誘或有畏而聽從法似
可誅迹尚未顯待以不死不失好生其黄貴妻
龍氏照例没入功臣家爲奴歸德州土官男黄
道縱惡横行嚴加戒飭未獲陳海等仍行緝捕
既經該司審招前來臣等覆詳無異合就具
題伏乞
勑下刑部再加查議上
請行臣等遵奉施行庶土夷知創釁孽可消而新造

之區永有賴矣緣係叛狼就獲亟

請正刑以伸

國威以杜後患事理未敢擅便爲此具本專差承

差區廷器親齎謹題請

旨奉

聖旨刑部知道

保留方面給由疏

題爲保留給由方面官員事據廣東按察司經歷司呈奉本司帖文蒙臣批據布政司提督糧儲副使兼右叅議劉穀呈詳叁年考滿緣由蒙批按察司查報依經行准該道關稱本職見年伍拾肆歲浙江紹興府山陰縣人由進士萬曆拾捌年陸月初授刑部貴州司主事拾玖年叁月丁父憂貳拾貳年肆月復除本部山西司主事貳拾肆年正月調兵部武選司主事貳拾陸年

叁月陞本部車駕司員外郎本年捌月陞山東
提學僉事貳拾玖年伍月陞福建布政司右叅
議叁拾壹年陸月陞本省按察司副使以齎捧
未任叁拾貳年叁月丁毋憂叁拾伍年
入計以原任叅議調簡叁拾柒年玖月調補廣東布
政司右叅議叁拾捌年貳月貳拾伍日到任肆
拾年伍月内陞授今職本年陸月初叁日到任
肆拾壹年肆月内蒙巡按廣東監察御史王以
寧薦舉壹次續蒙議委齎捧赴京事畢回任扣

至肆拾叁年伍月初貳日連閏共計實歷俸叁拾陸箇月叁年考滿例應給由並無違礙移文考覈轉詳等因到司該本司按察使董肇偘看得提督糧儲副使兼右叅議劉穀才略風霆比迅操持冰玉同淸籌畫計周軍國之需咸賴藩屛績懋鎖鑰之望獨隆稱職准給由但該道職專糧儲責任頗重難以離任相應保留准令接俸管事等因到臣卷查先爲酌議考課之法以肅吏治事奉都察院勘劄准吏部咨該本部題

議今後在外考滿方面府佐照舊赴京有事地
方照舊保留聽撫按官從公考覈賢否具
奏先令復職管事牌冊差人齎繳其稱職經薦應
得
誥勑命者照例
請給等因嘉靖肆拾貳年拾貳月內題奉
世宗皇帝聖旨是欽此備劄前來節經通行欽遵在
卷今據前因該臣會同總督兩廣軍務兼巡撫
廣東地方兵部右侍郎兼都察院右僉都御史

今陞南京刑部尚書侯代張鳴岡從公考覈得
廣東布政司提督糧儲副使兼右叅議劉穀飲
露飡霞勁節追風逐電長才嶺海功高斗山望
重稱職但本官職司督理通省糧料難以離任
所據該司議呈保留相應題
請伏乞
勑下吏部再加查議合無行令副使劉穀免其赴京
將行過事蹟徑自造冊差人齎繳赴部考覈惟
復別奉

定奪緣係保留給由方面官員事理未敢擅便爲此
具本專差承差陳吉臣齎捧謹題請
旨奉
聖旨吏部知道

總鎮養病疏

題爲鎮臣病勢甚深求去情詞甚迫謹據實代

題乞

俯准放歸仍

速賜推補以重軍旅事據廣東布政司經歷司呈奉

本司劄付開稱蒙臣案驗准鎮守廣東總兵王

鳴鶴手本移稱本鎮原籍東北歷任西南風氣

未宜水土難服頃因海南黎變遵

旨督兵渡海至日伐山開路撫熟招叛催造器藥建

築營壘拮据三月始得就緒十日之内蕩平羅
活抱由二險寨奈本鎮犬馬微軀奔走疆場歷
叁拾年所心血精力已竭僅存軀殼今復歷瘴
鄉半載疾病轉加耳目聾瞶旗鼓不辨日淹枕
席死亡未卜本鎮一身何足重輕如全省責任
何本鎮入粤五載無日不請告而軍門未允代
題今病勢日危情非得已只得瀝情再控伏乞憐
念代
題准放回籍調理等因到臣該臣看得黎岐甫爾戡定

海防正在汛期該鎮卽有積勞小恙奚妨在任徐調牌行坐營官備呈該鎮查照去後又准該鎮手本移稱先於本年二月二十日爲久病衰軀重歷烟瘴生死旦暮乞賜准

題放歸以全殘喘以重地方事稱本鎮入粵卽病無一歲不告乞休蒙兩院未准放行尚冀痊可豈知日甚一日不惟舊病難支亦且新痾疊至毋論才綿力弱原無將帥之才卽近被人言亦無厚顏就列濡滯時日之理萬祈軍門裁酌一

面委官代替一面具

題本鎮不敢徑行暫假民房少調病體待

命下即行如不得已只得自行具疏等因呈詳奉總

督兩廣軍門批該鎮久勤歸思屢爲地方勉留

而適有黎之役致勤遠征討平二峒善後方殷

如何遽有此陳惟慎攝以共圖久安之畫繳時

聞本院臨蒞伊邇春防已屆不得不力疾督發

汛兵少候按臨懇請會

題茲據呈奉憲牌前因伏念本鎮稚埋武夫荷蒙

聖恩歷次拔擢謬叨大將卽裹屍馬革濺血沙場死
有餘榮矣何敢託病求逸但年衰力憊病久形
枯醫生陳泰黄大倫等日夜醫療皆謂氣血兩
虚百勞久積若不静攝恐非旦夕所能望起[illegible]
査得近日薊遼兩院代
題遼東總兵張承胤事例可比萬懇代
題放回原籍調治等因准此爲照該鎮患病乞休
情詞剴切隨行布政司會同按察司備查該鎮
所稱病勢日危是否情實乞照遼東總兵張承

俻事例兩院代

題放回調理事體有無相應可否准從會議停妥
通詳又奉總督兩廣軍門批據本鎮呈同前因
奉批仰廣東布政司同按察司會議通詳該本
司會同按察司看得鎮守廣東總兵王鳴鶴韜
鈐雅抱于胷中威望素服于閫外受推轂而鎮
全粤樹赤幟而奠海邦無論制節建牙攘夷之
謀略常裕卽其興師振旅平黎之勞緒居多肆
今抱由羅活等方雖叨仗以甫安而倭寇峒蠻

諸種尚潛伏而叵測調停善後元戎當與其謀
炳察幾先大將式專其任雖當破斧缺斨之餘
未免沐雨櫛風之困然忘身殉
國固臣義所宜然而因地留賢乃籌邊之石畫合
無請乞仍加勉留該鎮庶海徼得人彈壓而封
疆無意外之虞緣由遞詳該臣復批該司會同
按察司勉留外本官又具呈懇稱本職之苦兩
司議詳尚欲留職雖爲地方盛心但職病終不
可起乞憐早放等因具詳督臣併將該司原詳

批該鎮因勞生病情誠有之但夷患甫寧善後方殷豈宜弛肩僉議勉留洵爲至計惟是初請之文未覆而該鎮催允至再至三情詞益迫仍以義留不惟不恤其私而聽其日久杜門臥病亦非所以爲地方計也仰司再酌通詳本官亦將前情備移到臣隨看得本官稱病已久懇請

代

題不啻再三似爲勢不能已者又行該司會同按察司備查王鳴鶴病勢是否纏綿未能速愈如

果情眞不妨據實詳報以便會
題去後今據該司呈稱該本司左布政使柴應乾
會同按察司按察使董[illegible]倫看得總兵王鳴鶴
籌邊宿望標柱雄風昔隨至以策勳茲積勞而
成瘁雖捐乃軀以報
國固藎臣取義之圖然愛其身以有爲亦智士見
幾之識察其疾勢諒其衷情誠有不能旦夕居
處於斯者故與其羈抱痾之身以希臥理孰若
遂遄歸之計以速更弦合無軫念該鎭乞歸非

僞俯賜代

題允其回籍調理並

請點用新總勅限前來任事庶封疆料理得人而於

該鎮眞切之情亦允愜矣等因到臣該臣議照

總兵王鳴鶴身居閫外責寄師中況以嶺海之

多虞固宜拮据以供職而本官自入粤以後無

歲不有乞歸之文督臣顧慮封疆責以大義雖

遷延歲月其神殊不王也屬以崖黎猖獗本官

義不自安督臣謂其驍健軍事請於

君父而遺之亦旣告成事而還矣然宿露飡風局甬
完而身瘁衝嵐冒瘴力已竭而心灰固亦人情
乎臣入疆之日本官纔一面會卽諄諄以求歸
爲言越二日而具文來懇臣以崖役善後移文
留之乃其歸心牢不可遏杜門謝事一切戎務
槩已停閣約計數月之內公移私牘不止十至
其情愈迫其景無聊且欲暫棲民房以待矣蓋
本官積勞成病原非假託臣初見其形容憔悴
面目黧黑心竊訝之及本官自陳病狀頗爲沉

痌宜其偃仰于一室之內涕泣爲首丘之思也
夫大將兵權在握原非卧理之官况粤東寇竊
時聞亦非卧理之地以本官之情景若此人人
知其不可留矣若復以虚拘文具往來牽纏萬
一海寇峒蠻猝起意外旣不可責以帷幄之任
又安能望其底定之功封疆所關豈宜泄泄臣
等卽不爲本官計而爲地方慮不得不爲代
題而催其去也旣經兩司覆議前來謹會同總督
兩廣軍務兼巡撫廣東地方兵部右侍郎兼都

察院右僉都御史今陞南京刑部尚書侯代張
鳴岡看得鎮守廣東總兵王鳴鶴職總三軍任
專百粵提兵以探黎穴霜露恙深裹藥而問岐
方林泉夢遠雖識途之馬尚堪加鞭而奔林之
猿何暇擇木應准骸骨之
請方知頂踵之
恩伏乞
聖慈
勑下兵部覆議上

請俯准本官回籍調理員缺速行推補庶本官得遂

乞身之願而重地戎務亦庶幾其不久妨矣爲

此具本專差承差郭樑親齎謹題請

旨奉

聖旨兵部知道

議留朝　覲官員疏

題爲議留朝
覲官員事據廣東布政司經歷司呈奉本司劄付内
開蒙臣牌行查所屬應
朝官員内有地方重大事情應留在任者酌議通
詳其雖有事而非重大者不得一槩議免等因
係蒙行准各道府議報前來該本司會同按察
司看得入
覲述職乃臣子靖共常分

朝廷黜陟
鉅典非有重大事情關係地方利害不得槩議
奏留粵東山海國也內而黎徭盤踞外而倭夷窺
伺邇且水旱頻仍兵荒迭見疆圉之備慮宜周
百姓之彫徵堪憫有不得不爲地方民情討者
如瓊屬儋州孤懸海上東深山而西巨浸水陸
時閧警息牖戶當爲綢繆廣屬連州崇崖疊嶂
徭蠻易與爲非邇因夏月愆陽民情惶急區畫
救荒正宜速計判官吏目俱缺州治不可無人

三水地控通衢尤稱盜藪連年疊遭水患圩岸蕩然方在脩築炊烟希起更藉噢咻新官方在撫字應令久道化成東莞則接連增龍博羅境界郭南一望即爲虎門負山阻海警息無常而接濟澳徒時且闌出闌入新會則爲水鄉港岐四通逼近厓門密邇廣海民俗刁悍夷情叵測潮屬海陽水旱頻仍盜賊嘯聚劫掠無虛日民臥不帖席地方衣袽宜戒百姓撫字當先羅定州屬西寧設居萬山之中羅旁戡定之後雖稱

敉寧而餘孽近復竊發情形叵測殊爲隱憂又值洪水爲虐四民流困撫綏安戢惟藉正官以上各官皆于地方民情相關切勢有不得不議留者至於肇屬高要爲輪蹄轇轕之區三年五災之地民苦困窮盜多生發乃知縣縣丞俱新選未到見在主簿典史二員典史旣以例行主簿豈宜空壁亦應併議及查往牘癸卯年留拾員丙午年留捌員己酉年留玖員壬子年留州縣柒員知府壹員今次議留正官柒員主簿壹

員不爲濫溢其無事地方廣州等府與全設南
海等縣廣東鹽課提舉司半設香山等縣各該
正官俱合遵
例帶同首領官吏隨
朝間有正官員缺以次佐貳代之裁減新安等縣
各首領官帶該吏各齎冊應
朝等因具呈到臣案查先爲朝
覲事萬曆四十三年四月十九日奉都察院勘劄准
吏部咨該本部題內開萬曆四十四年正月初

一日天下諸司官員又該朝
覲之期所有合行事宜例應預行知會等因題奉
欽依移咨備劄前來已行廣東布按二司通行各屬
欽遵并查有無應留官員議報去後今據前因
該臣會同總督兩廣軍務兼巡撫廣東地方兵
部右侍郎兼都察院右僉都御史今陞南京刑
部尚書候代張[illegible]議照叁年輯玉
國家所以別幽明萬國
朝宗臣子所以昭分義敢不恪遵

大典竭蹷奔趨顧東粤僻在炎荒地當山海倭夷竊
伺於外黎猺跋扈于中加以水患洊臻兵荒相
繼瘡痍未起反側可虞非藉正官無以鎮靖撫
綏不得不循往例議留所據該司各道酌地緩
急議留儋州等州縣各官在任似爲保境乂民
至計再照高州府化州知州黄一中近因該府
海防同知員缺該臣與督臣看得海防重務難
以久缺隨查本官才守卓越且歷俸已及人地
相宜堪以就近推補業已會議咨揭投部儻部

議僉同陞遷伊邇冬汛督理方將賴之亦不可
不爲議留者伏乞
勑下吏部覆議合無俯從將儋州知州曾邦泰連州
知州方明棟三水縣知縣何夢駿東莞縣知縣
周昌晉新會縣知縣曾熈丙海陽縣知縣沈鳳
超西寧縣知縣鄧全規高要縣主簿陳一軾化
州知州黃一中俱留在任供職一應文冊仍令
佐貳首領該吏親齎同各衙門官吏依期赴

觀𡹔

計典昭明封疆有賴地方幸甚臣等幸甚緣係議留

朝

覲官員事理未敢擅便爲此具本專差承差程鏡親

齎謹題請

旨奉

聖旨吏部知道

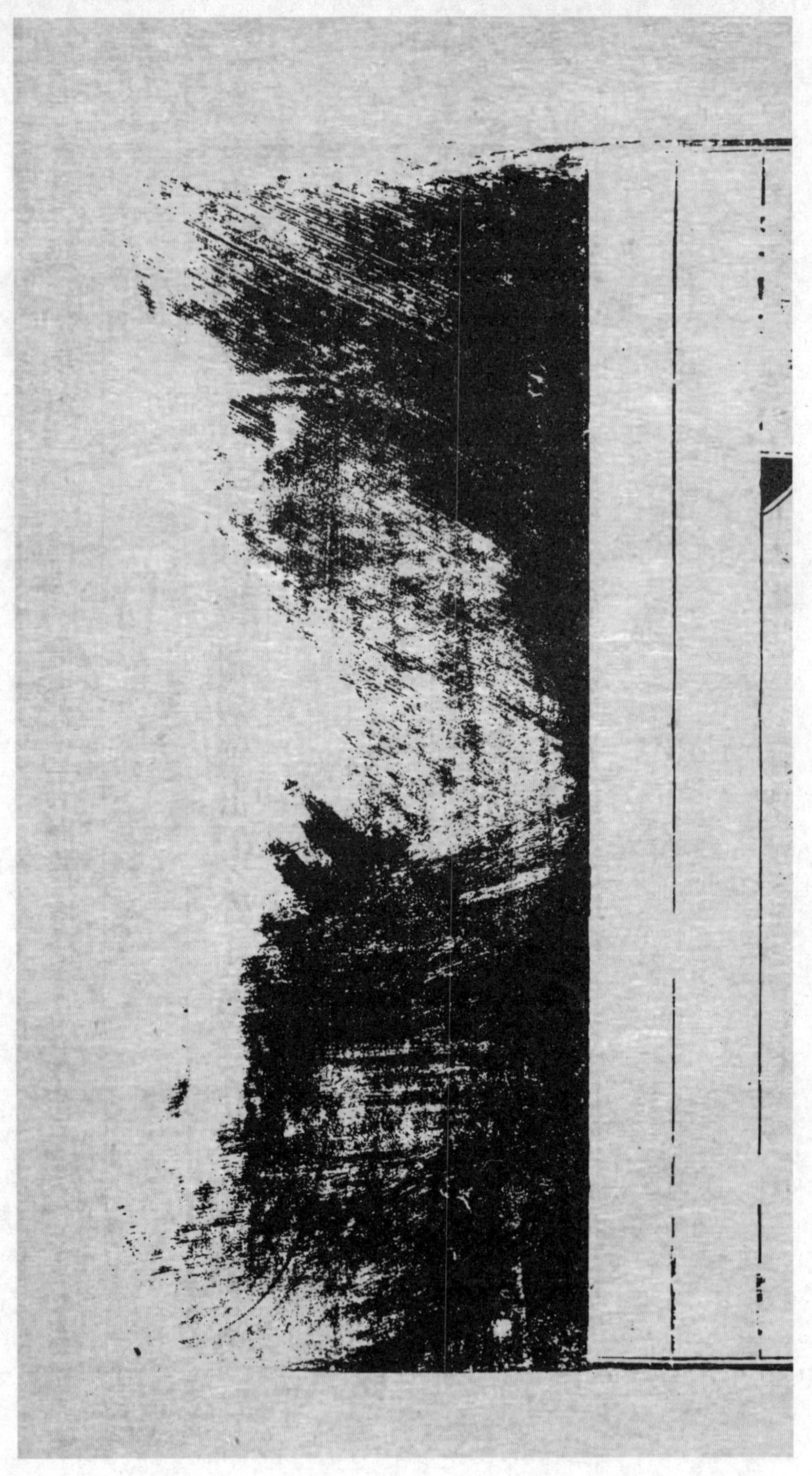

府正給由疏

題爲考覈給由府正官員事該臣會同總督兩廣

軍門張■從公考覈得廣東肇慶府知府戴

熺標格孤騫才猷敏練表帥風行屬邑撫循露

覆專城稱職但係府正官員相應遵照

明例就彼復職除批回該司行令本官接俸管事

外伏乞

勑下吏部再加查議將知府戴熺照例造冊類繳赴

部覆考施行奉

聖旨吏部知道

議留海南道免　覲疏

題爲議留入

覲府正以赴新任以安海邦事據廣東布政司經歷

司呈奉本司劄付開稱該本司會同按察司議

照歲當

大計例應入

覲官員俱經開列職名造册題

報外内有肇慶府知府戴熺頂接即報推陞本省海

南兵巡道副使業奉

俞旨蓋本官之所以就近推補者原爲該道地方越在海外黎事甫平善後之策建議未定所恃以爲彈壓料理計者惟本官是賴耳乃該道自姚副使離任之後已捌閱月雖有守道蔣条議遥制實鞭長不及馬腹而近日知府謝繼科又報物故矣以海島孤懸之地而道府二官一時竝缺竟虛無人深屬可虞矧本官新命一下便爲道官而非府官合無請乞具題免其入

覲行令就便到任馳赴海南道管事其肇慶府一應
文冊徑令經歷官帶同該吏親齎赴京竣事庶
地方彈壓有人而邊海無意外之虞等因到臣
該臣會同總督兩廣軍務兼巡撫廣東地方兵
部右侍郎兼都察院右僉都御史今陞南京刑
部尚書候代張[illegible] 看得瓊地孤懸海島盜賊
出沒無時兼以黎岐穴處其中洊為肘腋之患
所賴道臣撫文奮武耀德宣威責任為至重也
先是道臣姚履素經 臣論劾臣

請以韶惠二府就近陞補蓋取其便于赴任慎重封
疆之意後該部因二府業已別轉遂以肇慶知
府戴熺補之臣蒿目
俞綸日夕以冀頂者幸已奉
旨而本官名報
覲冊又當旦暮就道夫輯玉
重典在臣子之義寧不願踴躍
闕庭嵩呼
萬歲第瓊南去京萬里屈指往返之期非半歲不可

而海南缺道已踰閱月矣又加之以半歲無
誰爲撫綏瘡痍誰爲綢繆桑土誰爲結戢黎[illegible]
局而收善後之謀雖道臣蔣光彥遙攝其事然
自海北至瓊崖亦相去千餘里則何如以本道
料理本境更爲親切哉況今瓊州一郡知府物
故同知休致矣潘通判已陞葛通判提問矣僅
一傅推官兼管府廳甚苦支吾不易而督臣張
又以候代移駐境上萬一猝有他警可虞
孰甚焉臣爲此懼敢乞

天恩准免該道入
覲俾得星馳赴任蓋本官隨班
朝見不過千百臣中處其一耳而在瓊南則關千
里之安危
皇上顧慮封疆當必謂該道應留尤在臣所
題免
覲諸臣之先也臣仰體
聖心遵照
會典有事地方免

覲之例特疏上
請伏乞
勑下吏部覆議合無俯從將肇慶府知府已陞副使
戴燨議留即赴新任前往海南管理兵巡道務
庶邊海有攸賴而臣亦藉手以逭于戾矣地方
幸甚臣等幸甚緣係議留入
覲府正以赴新任以安海邦事理未敢擅便爲此具
本專差承差黄廷臣親齎謹題請
旨奉

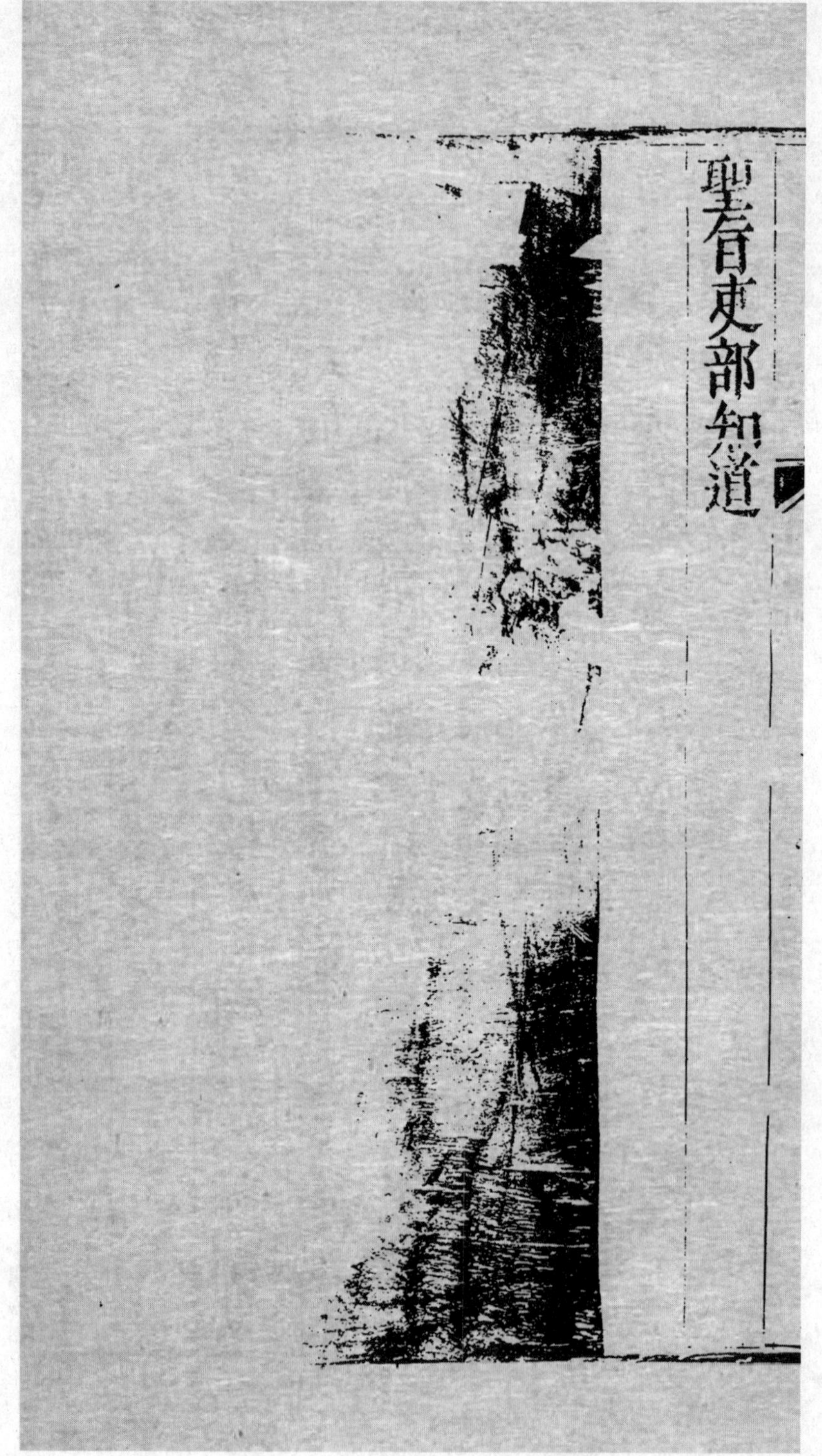

聖旨吏部知道

府佐患病乞休疏

題爲府佐患病不能供職相應遵例題
請准令休致事據分巡海南道兼提督學校副使姚
履素呈詳蒙臣批據瓊州府海防清軍同知楊
論呈爲身病萬難供職懇乞休致以遂生還以
免瘝曠事內稱卑職廣西臨桂縣人由舉人除
授江西饒州府通判憂制回籍起復補四川成
都府松潘監收通判萬曆三十九年叨陞今職
頃因留邊候代致久憑限冒暑星奔感熱成疾

告休未允後雖調治少瘥每觸輒發久懷去念
緣地方多事未敢擅便蒙委征黎紀功露宿蠻
鄉觸冒邪瘴益致元氣受傷百病攻身痰火上
炎心神恍惚肢體酸輭動履惟艱屢具告休蒙
院司道慰留無奈得病已重延醫林應陽日投
湯劑未效謂非退休靜攝難以遽痊微生固不
足惜其于職守謂何況海防重務豈病夫所能
卧理乞念眞病苦情准以休致還鄉等情蒙批
本官情詞懇切當非假託然何妨在任暫調海

南道查報并奉總督兩廣今陞南京刑部尚書
條代張　批據本官呈同前情奉批仰海南
兵巡道查報隨查先據瓊州府呈蒙本道批據
楊論呈詳眞病瀝血三懇緣由批府查報該本
府知府謝繼科看得本官清戎防海夙著輯寧
借寇攝符感同怙恃煒煒循績垂及三年乃以
征黎之役署崖丈量劬勞盡瘁蒙犯霧露瘴鄉
調攝艱苦萬倍三懇休致未蒙俞允本府見其
憂形於色志不可奪再照地方搶攘多難本官

賢勞遘疾雖非際可之仕亦非有故之去况本
官課吏治久著循良之績課黎功又在銓敘之
列合無憐恤下私比照
大明會典弘治四年奏
准自願告退官員不分年歲俱令致仕合無依例致
仕等因具詳到道該本道會同分守海北兼海
南道右參議蔣光彥看得同知楊論律巳清貞
與民休息飭海防而備患常周署萬篆而勤恩
無擾乃政將及于叁年病忽侵于二豎遂擬長

鄉之倦遊欲賦淵明之歸去業經該府本道暨
門本院慰留不啻數數矣而本官狎鷗之情彌
切致本道放鷳之念隨興擬合容令休致遂其
高尚等因到臣該臣查得
大明會典成化六年奏
准各處撫按官遇有司府州縣官告稱老疾者依例
放回原籍類
奏作缺嘉靖二十二年奏
准外官在任患病務由撫按官題

允查明方許回籍今據前因臣謹會同總督兩廣軍務兼巡撫廣東地方兵部右侍郎兼都察院右僉都御史今陞南京刑部尚書候代張[illegible]從公查看得廣東瓊州府海防清軍同知楊論端凝器局恢練才情籌海績有可觀攝篆民稱不擾屬以風霜之恙遂堅松菊之思二二暨巳逼膏肓無怪宦情之薄一意惟懷丘首轉滋歸興之濃旣無規避之情相應照例題

請伏乞

勑下吏部再加查覈覆議上
請合無將同知楊論准其致仕回籍調理員缺另選
相應官員銓補庶病臣得遂歸田而地方亦不
廢事矣緣係府佐患病不能供職相應遵例題
請准令休致事理未敢擅便爲此具本專差承差黄
廷臣親齎謹題請
旨奉
聖旨吏部知道

大計劾方面疏

題爲糾劾方面官員以備考察事臣奉

命巡按粵東入境受事九月一切吏治臧否廉訪頗

真茲當

大計所有不職方面官員例應糾劾臣惟藩臬之長

表率屬僚所賴以剔蠹釐姦明罰勑法非異人

任不意有隸腸繞指藪疾負塗如原任按察使

今陞右布政使董肇倫者才本庸常性耽安逸

文移並不親裁憑吏何大化貼批以致駁問重

輕多所顛倒案牘全不料理憑吏謝天恩等沉
閣以致比較完數十無二三總司放告所關法
體基重也而詞狀不自覽閱任家人通同詐索
每狀壹張徃者拾餘兩刁民營求頗多吏役報
滿責催前件誠是也而簿籍收進衙內任家人
恣意刁難每吏壹名常例五六金貧吏起送最
若把總吳百朋從征失律潛逃聞官擬以哨瞭
有遺罰已而該司猶嫌其重欲與徑釋人謂門
子簡進從中周旋也富民盧兆元因姦致死梁

氏縣官擬以重罪似得情已而該司故駮從輕竟獲倖免人謂門子陳陞大有指騙也鹽課提舉司夙稱利藪從來無賢郎久任者提舉吳邦楨自去年九月報劣仍留管事八箇月豈無因與省城且有總司五百兩當鋪十三千之謠矣市舶提舉司亦係羶地從來無首領代庖者照磨龍育明當堂面稟即准署印五閱月是何意與省城亦有經歷二百兩照磨三百兩之議矣指揮楊繼勳賄屬潛通則徑委清遠衛丈田履

畝科求不顧軍士之嘖嘖主簿呂乾陽务轉戀
任則久留提舉司管秤逢船需索遑恤商人之
嘵嘵此皆其不可解者其署鹽道也創活埠爲
厲階任各商之自鑽自奪於是有猾吏王心湖
詭營攙埠致商人鍾丙觀因比例告禀而起爭
以增引爲綫務任餉額之條盈條虧於是有商
人郭廷振顧增鹽引爲提舉吳邦楨以公堂不
得而停閣況其委掣驗于首領縱吏書之詎詐
聽姦商之夾帶而鹽法蕩然安所裨

國計哉其署海道也抽豐客范監生關說澳船則白金滿囊然商人接濟私貨尚可禁否抽豐客龔易所屬放洋船則檀香象牙滿室然親戚假借名色尚可禁否况總哨之虛實不問船隻之有無不問姦徒之通澳不問而海防蕩然何以綏內地哉卽今日之綰符藩司也軍政考選泄泄從事催督再三鹵莽塞責取冊閱之則臣所戒飭者各道之劣考者屢戒未悛緣事未結者多所委用殊爲可訝蓋本官素喜便安且僻棋

酒而當吏治惰窳之地悠悠送日何能自振也
此外又聞其衙用不經虧損行戸票取犀杯等
物價值全無去年有藩吏謝天錫者家開布店
因屢取無價當堂跪禀本官怒而鎖之天錫懼
欲投井於是各吏懇喬布政致書求解仍責三
十板發南海縣罰銀三十兩即此一事苟且甚
矣此一臣者秉性似醇而醇中寡明斷之用宅
心近厚而厚中鮮涇渭之分覥面而譚則掩耳
如不相接披衷而叩又捫舌一無所陳以堂堂

藩伯之尊而畫諾由人何以異于庶位嘗考有
多艱之日而優游自度曾莫藉其片長竊位貽
羞債轅可慮第操持尚未決裂而策勵猶堪馳
驅所當照新銜以不及降調者也伏乞
勑下部院再加查訪如果臣言不謬將董肇偘照例
議處庶官常可肅而於
計典不無少裨矣緣係糾劾方面官員以備考察事
理未敢擅便爲此具本專差承差郭棵親齎謹
題請

旨奉
聖旨該部院知道

大計劾有司疏

題爲糾劾不職有司官員以備考察事臣巡按東粵已及九月所屬應議有司見聞頗確茲當大計羣吏例有糾劾訪得瓊州府瓊山縣知縣盧奎志惟在得才足蓋貪贓削幾于剝膚窮簷僉爲疾首里長拜見此何名也而每圖索銀五兩共計五百兩有奇矣見年承役乃苦差也而上圖常例七兩中下六兩五兩又共七百兩有奇矣追徵不問完欠一槩收監復每兩加耗二錢於

是有收頭補短之說計入橐千餘金也應比不
問里甲一槩取保約三年民費二萬餘兩於是
有每圖扣數之取亦入橐數百金也主舍原不
派差乃勒東黎荷秉忠等九百兩因致諸黎激
告通倭法所當禁乃受閩客黃桂等三百兩遂
爲朦朧放回考校童生憑孔方爲去取正榜以
兩計續榜以錢計不顧斯文之掃地給散工食
視常規爲有無甚至禁子八名扣去六名難免
貧民之顩天生員鄭之良海超以典田細故無

端申黜及各送五十兩而旋爲代復乃梁正鼎輩竟以需索未遂含冤矣婪吏王夢麒以姦淫重情被府發監及受銀六十兩而力爲解辯乃陳明時等亦以五十金幸釋矣追蔡道紙贖則侵礪二百餘金又罰通縣公正贓至近千倚姚道納餉則每百索二十兩通計數十人中所得不貲大戶黃希堯千金之產可以自賣入官見年三千金募夫之資可以乾沒不償原被濫罰牙爪横行民壯陳用通線于外門子林鳳接手

于內狠貪無厭鼠腹久盈穢跡最多輿情不齒廣州府清遠縣知縣宗思禮才原庸瑣性復貪婪精神盡用之繭絲心腹全披于豺虎林泰華庫吏也而過付多經其手則每年贓耗二百餘兩有以中其心也老勝耀積蠹民壯也而盜贓二千餘兩任其藏匿則陳應鵬賄送四百兩業已吞其餌也陳我源逼死禍順後以二百金假手梁守儒而人命遂沉該縣審案可查黃氏逼姦劉玄赤以二百金假手高邦萃而淫縱勿論

致伊姑鄭氏再告李允治仰藥自盡則磚對手
李維舉三十兩又嚇苦主黃氏四十兩矣何積
貴雇工人死于虎則明磚銀十二兩又暗索銀
五十兩矣引鹽經過每包抽至一分二釐每年
不下六七千兩皁壯更換每名勒茶果三兩三
年亦有四五百金錢糧濫監加耗則王球鄭世
賢等陪若難堪慘刑濫及里排則張心泉劉積
興等斃杖可憫其他十虎徧于公門六房皆通
關節革退之衙役賂賍伊子以重來盤據之姦人

赶案頭而稟事上下征利杼柚盡空嗟此久疲
之民難容極濁之吏惠州府永安縣知縣令陞
請府審理謝應鳳途窮施逆髮短心長敝精力于
錢神視公私爲龍斷稅契自有常期也聽積書
洪昇等票查開墾于是鄉民李榮素等百餘人
送官二十兩十餘兩不等合之不下千餘金匿
名不當受理也聽衙蠹楊魁等一槩推行於是
良民鄭雙溪等數十人送官二十兩十餘兩不
等合之業已八九百清軍則徧拘七十里排每

排索銀三兩共勒銀二百有餘唆之者書手葉
清也查地方則編拘三十六社每社索銀二兩
共得銀七十有餘謀之者書手伍鳳也差老人
曾文學無端藉口馬路拆民居百餘家所受買
免不止三百餘兩小民之恨何極乎差民壯黄
臣無端索鐵商陳興等拜見銀各二十兩所受
强索銀亦不止百有餘兩諸商之口可掩乎寡
婦吴氏被匿帖誣姦差盧二拘提逼氏自刎而
死而盧二竟置不問排年李良儒以拜見不順

卽拏良儒父子各責四十板而各排人索十金
曩者六月内地方苦其虐政樹旗激變排年葉
紹魁等奔愬于臣批道究問乃稍斂戢旋巳旁
轉矣若使白簡未彰尚覺人心抱憤樗材何用
破甑難留以上三臣所當照貪例革職爲民者
也南雄府知府楊元祜家席膏粱志存溫飽等
商民于泰越藉水陸爲網羅放告不論日期悉
憑門子謝茂爲出入罰贖不分原被俱出差頭
尹文等爲陰陽審語誰裁仰屋而聽之左右文

書誰檢盈案而任其浮沉稅銀委卑官驗兌當
嚴束者乃委官一員納銀三十兩門子一名亦
納銀五兩得非教椽升木乎橋役定半年一換
有成規者乃廠書一名人納七十兩塡單二名
人納三十五兩不其縱虎食人乎取鋪戶馬南
征等細段紗羅貢葛等物計本六百餘兩止發
價三十一兩明挈其篋而奪之矣派鹽行嚴德
敬等眞金珍珠檀香等物總交金三十兩珠二
十六兩已敲其髓而吸之矣藉印帖更換則鷸

各經紀九百餘兩通市之嚚聲盈耳藉相公過
山則折夫馬頭銀亦四百餘兩貧役之呼號寒
心祭祀
大典不用胙而折銀三十四兩其禮已先亡矣倡優
下賤亦索取而勒銀四十兩其耻已盡喪矣粤
中百貨不能飛度庾關每年額稅四萬五百兩
每兩加秤頭二錢以三年計之尅取踰二萬六
千之外此衆目所知也彼不謂各商之可憫反
恨榷關之權輕具文藩司謂宜照滸墅關設部

臣徵收是何言哉昔滐指于太倉彈文再至今磨牙于劇郡深壑是塡怨讟已盈䖶華難遁南雄府同知馮一鳳瑣瑣庸人緣入擅而惑志營營醜態甘嗜利以如飴决斷無才則以親叔老相公爲內主凡事由其撥置鑽戀廠務則以門子葉正春爲外戶稅銀憑彼私交引鹽有正餉矣又每包有一分之小餉計三十五萬餘包收餉四千餘兩盡入私囊商稅有印票矣又每日有另放之小票計一月數十隻得稅數百金無

非染手有如四十一年倭冬稅六百餘兩乃以
次年之羨額那移抵補前按臣之駁查甚明也
又如四十二年倭冬稅一千四百兩乃以次年
之鹽餉預擠報數接管之王同知不較也他如
廠書王富等之送公堂一百六十兩而受小書
鍾明等之送公堂四十兩而受船戶劉三李敬
等之送查船銀四百兩而受左冲宇等之稅銀
百兩而匿李大道康招等之稅銀各五十餘兩
而匿梁忠勞章等之稅銀四十餘兩三十餘兩

而匿種種淄垢難以枚舉彼其榷稅二載戀不忍舍略無引嫌退避之意致各商假名萬芳隨處投告本官與楊知府載胥及溺略不少改錙銖已竭囊橐何多旣已心迹俱汙安能名利兩獲羅定州東安縣知縣今陞雷州府同知徐日光擁腫支離之骨卑汙苟賤之行陋習相沿旣盡頭箕之孔貪心無猒仍開賄賂之門其新舊里長每名下程三兩也各吏收參每名拜見三兩也稅畝陞科每畝紙銀六錢也猶藉口舊規

也至入

覲長夫之派十六都索銀一百九十餘兩此不爲干

明禁乎砂仁皮蠟之取七十二堡折銀二百餘兩

又不爲干

明禁乎排年劉懷南欺隱稅田何不秉公勘明而

受本犯之二百兩金竟輟典史之丈也監生劉襄

欺隱稅田又[illegible]不明正其罪而受涂文之三十

金乃裂劉[illegible]全之三十畝也猺人易嚇則梁亞三

以田稅而[illegible]猺組之三十兩過送有書手蘇標武弁

可欺則吳元禎以人命而勒銀六百兩過送有門子林瑞甚至假訪犯以圖嚇如良民胡龍陳德芳等何辜而局其一百五十兩乎又甚至假捕務以市利如巡檢林豸受其八十兩而令其沿查排門所償不更倍乎總之心以病喪利令智昏一方之荼毒何堪萬口之咨嗟猶在肇慶府新興縣知縣令陞雲南順州知州劉大業欲而無剛威難懾下把柄全移于佐領征求已徧乎閭閻縣丞孫鎬傲睨自肆則甘受其淩侮而

每事任彼橫行典史黄如鑑役許異常則付託
爲心知而重獄由彼屈斷審丁公務也加報官
丁五百丁因而索各里排買免銀五百兩分明
枉法之贓造船私事也造大座船二隻因而派
各丁口工料銀二百兩此豈惟正之供應
朝之不許科派申飭屢矣而索大户李敏甫等銀
三百兩明差阜隸勒收何其敢于漁獵庫銀之
不可淆亂責任重矣而臨行取庫銀一百二十
五兩至今後官處補何以異于穿窬又其最甚

者左右有居閭之路聽斷多暮夜之金如惡僕
彭崇益姦主葉澤之妾拐其首飾五百兩旣已
行拘收禁矣而以二百兩之入取保釋之其何
以昭紀法服衆庶乎至於積皁方矩張兆馮健
等指官詐財明知不禁小民控愬何由焉隄防
不密攘攫徧工金錢已滿囊中木偶難居民上

肇慶府封川縣知縣令陞

岷府審理李賓性氣恣睢品流齷齪下習提偎之
術上工竭澤之謀藉造船而票拘鏍匠鍾仲魁

等百有餘人每名得銀二兩不知二百餘兩之
入竟屬何名乘造冊而票拘書手莫任俊等二
十七人每名索銀三兩不知八十一兩之贓於
心奚忍斗級派之里甲又米一石納銀五錢計
二百兩並無支銷沈聖業可證也買穀責之經
紀又每一名勒銀十餘兩計百餘兩亦無下落
石應藏有口也以胡祿河爲金穴則令陳學敬
取金帶于蔭允文等而一十四人各以五兩買
脫以江口埠爲利藪則聽陳憲和詐私鹽于袁

窩所等而一十八人各以三兩入官闗念江等
異縣立籍則三百餘兩可受何論啟章陳茂紀
人命被誣則八十餘兩可嚇焉知
國法且其悻悻自用僕僕營私知有吏書皁壯不
知有學校小民封民切齒久矣臣入境之初即
欲露章從事疏藁方成旁報遽至故姑止之乃
其離任之日耕里青衿以數百計仍欲阻截其
行黏單訐告此雖封民之薄哉然誰實致之夫
旣吸膏于在事自難免辱于臨行擯斥猶遲糾

彈恨𤍠以上五臣所當照不謹例冠帶閒住者
也瓊州府陵水縣知縣吳祥鍾識見悠謬才幹
迂疎兼以二豎侵尋遂致一籌莫展紙戶鍾瑞
進負碼官銀有何難治而申詳到臣惴惴防其
反噬訪犯蘇民新行提偶避豈能終逃而申詳
到臣諄諄祈以改批臣固知其闒茸矣已而跡
其行事則視民如讎而用之日新有不勝其塗
炭者征黎自有糗糧也而派令有力者自辦餉
米彼僅存之耕夫重困何堪運糧自有官夫也

而派令養牛者各折牛車彼數百之車價支銷何所文武經臨則什物責之見年仍不許外辦而折銀內雇是何心也差役往還則馬匹亦責之見年仍馬一匹取銀一兩何其多也日用勒庫吏乾陪致各吏逃竄如避湯火白米取人戶供應致各戶愁歎已竭脂膏醫生雷長譜禀陳黑毛姦情則先索免刑銀五兩外罰罪錢生員王存英庇護育男賊情則驀受免解銀六十兩代爲申解而尤可駭者隨任之曹相公身故派

棺派夫派船無不取之保長此而可派何不可派其苟且一至此此哉本官一病纏綿經年未愈內變甚衆心志已昏惟其一息奄奄是以百爲憒憒安能以僅延之殘喘任民社之殷煩哉此一臣者所當照罷輭例冠帶閒任者也高州府丁憂同知蕭繼美頗饒幹局初襲虛聲獨以志溺苞苴遂覺動多乖舛彼其職理海務每遇總哨收補總索銀百兩而哨索銀五十已爲自好者之所不屑矣及署印化州而押令二十三里

每里拜見二十兩程儀五兩此疇昔之故智也
乃其良善不分拘拏監責又令人重足而立則
有如苻那傳被盜獲賊彭紹禎而反索那傳銀
四十五兩者則有如陳建學盜牛令扳黄敬懷
等七名而每名索銀十二兩者則有如張亞飭
盜陳銘之牛令扳葉子興等六名而每名索銀
十兩者則有如黄世厚盜王純卿之牛令扳梁
德政等五名而每名索銀三十兩者則有如保
長何世榮捏稱近海民凌子朝等拾得番貨而

斃子朝等多人于刑斃郭亞三等多人于獄尚
有投井自縊而死者寧不亦干天地之和而祀
鬼神之怒哉若夫梁應選買田搆訟索銀三十
兩而陳善道之價成空何應坤侵盜稅銀止追
百餘兩而一千四百餘兩之匿不問似尤其小
小者説者謂本官故匿毋喪三月不報恐未必
死心至是總之居心不淨遂致觸境多汙功已
奏于三年名忽隳于一旦肇慶府德慶州知州
蔣士謙才亦爽朗中多機智奪人惟恐不順虐

取全憑用威該州錢糧自三十五年起至四十三年止併時而徵全無節次拘提不問男女鞭朴無分晝夜或椶或監追呼載道富如溫孔典等用賄得釋貧如歐鳳昇等畏刑而逃何光晨之妻閉門自盡何憲章之妻下樓跌死人情洶洶如在水火臣行查盤官清監尚有二百餘人私諭放保吏虎林鼎又從而魚肉之此其比較之大端也且其每糧一石多派銀二分每銀一兩多收銀三錢見年有拜見之儀役滿有脫巾

之例該州錢糧一萬有餘每年所得已三千餘
金矣不寧惟是專准遠年田土濫罰有加故縱
私宰耕牛惟稅是利罰紙已非例也而每刀定
價八錢如黄曰仁謝學清等以小事各罰紙一
十二刀圖賴所當禁也而乘此反肆需索如植
弘基陳謙等以被誣各勒銀百兩之外李近波
逼死談氏以二百兩免提陸秉熠等賭博株連
以三百兩獲放又以家鄉一水采取花梨等木
召匠製造船載于家俱無價直去年十一月内

州民樹旗激變不自省媿縮揚揚給由臣駁而不允也此其嚴刑峻法總由斂厚民貧不有重懲何由改轍韶州府通判張得泰青茂年姿軒翔氣度第志趣似局于資格而性情時見其譸張管府捕則擅自准狀曾以私債斃李霖于獄而赴愬之李景華亦復累死頗有怨聲署曲江則濫于受詞曾以田土受韓文遂等之賄而久死之陳夢亦擬不應大是笑柄卯簿差錯旣拘總書鄭綸等監禁矣又罰及書手鄺仕高等四

十餘名止供需索護月不到旣拘僧人妙相等取保矣又要追度牒寺庵三十八處何堪誅求劉西莊等盜牛各問罪十兩八錢徑自發落趙仕獻等人命各就中暗有私餽遂致移情蛋户誤拾賊籠則差吳賓等混拏殷實人户各有嚇詐過交者余文慶等也鄉民誤買盜貨則差趙點等票拘無干多人共有科斂過交者鍾于坤等也其㩁洽光廠也抽稅太苛衆商有口其㩁遇仙橋也收羨不解物論譁然其㩁黄江廠也

以已豁之米穀勒商人以重輸此皆本官之無
以自解者又其護短太過因曲江知縣責其訪
書譚耀遂提責縣皁以示還報何其很愎如此
豈惟商民之舌難緘抑亦屬寮之心多忤再加
陶鑄或可曲成瓊州府通判今陞貴州麻哈州
知州潘大熙守未軼越事頗周章處變而不知
其權矜威而反階之亂當其署印崖州也羅活
抱由合而圖我不思申信義以固熟黎却乃撤
藩籬而資逆賊熟黎苻那丁借民慕容經牛一

隻即以偷盜送監矣土舍黎有華等假稱不能
安黎各責三十收監矣抱歲司解黎賊二名則
不由上司輒穿紅袍赴教場斬首各鄉夫擒黎
目一名亦不審眞僞輒釘脚枷至六日方斃于
是只强石訟抱顯等黎皆懼而應賊而崖州城
外遂爲蹂躪之塲矣方事之殷也招撫千户陳
廷策謾罵收之禁中及事之敗也激變哨官吳
業縱使逃于海上迨撫按革其管事而雇倩生
員陳賡玉老人張士毅等赴各衙門保舉不亦

可鄙之甚哉此就黎事言也其他舛謬更復多端有謂其與把總郭逵同鄉交厚而及其身沒因光棍一詞遂拘禁其妻王氏者有謂胡大勳逐姪胡春芳聽民壯葉奇譖稟反將春芳重責者有謂其拏賭徒孟思元等收監憑門子陳鼎嚇銀六十兩者有謂其發銀二十兩勒土舍苻秉忠買沉香二千斤而怒其不得即責監者有謂其與生員陳賡玉交契縱子潘大舍往來其家者涵養全疎客氣用事平居既乏凝定之識

臨事祗呈鹵莽之形惠州府長樂縣知縣詹子
忠心存褊急政尚煩苛喜怒多有未平刑罰因
而不中甫到任怪邵通判之接遲遂假錢糧謄
謗而通判竟以察處矣初陞堂恨薛主簿之長
揖遂從官評中傷而主簿隨被劣去矣陳良範
青衿子也嗔其訐告衙役申華前程已爲太過
又以窩戶坐之差哨官曾進拘拏得銀三十兩
又差皁隸轉拏曾進得銀五兩彭段一疋良範
闔家逃竄而親屬何氏等五人監禁也催差黃

仁德等四名監禁也其不可嚮邇如此吳紹濂衣巾生也嗔其偶看監賊開報訪犯已覺無謂復以强盜擬之失主鍾大銘不忍誣指眞盜曾文旺等不忍誣扳本官威脅曲從而親弟生員吳從濂亦被申黜也張載本張秀榮等多命遽已斃獄也其忍於阱人如此輕監所以覊常犯也乃特設二門之內使人餽食不得多至饑死人有黑地獄之謠鞭朴所以作敎刑也乃動輒四五十板遂至比較錢糧多斃杖下人有詹閻

王之號臣初巡嶺東先後委官淸監則如生債之盧德貴杖贖之何積寶非辜之黃見廷等自理之朱燿等纍纍久繫率皆保放然委官旣行之後聞其囹圄又滿矣况其鄉關密邇抽豐客絡繹不絕親弟來任寄居興寧頻通手札有一犯人求援者兄云鄉黨弟云里仁其事頗涉于外抄白有據嗟乎奈何以官爲戲哉然舉動雖爾輕狂操持尚自嚴謹使處困衡之地庶幾動忍之資潮州府普寧縣知縣顧延桂才非揮霍

性喜鏞張沾沾自見其長汶汶無裨于用庫藏不慎乃至失銀二百餘兩而責賠于庫吏陳夢祥并累及夢祥之兄嫂變產代納宜其嘵嘵赴告也私衙誨盜乃至被竊箱物若干而責賠于衙官顏典史并扣除各役之工食圖補私囊宜其怏怏有言也積書鄭暹台挾讎誣侯少春等爲盜則爲之究徒申詳極其羅織及臬司駁審而讎陷始明暹台見被訪矣腹吏楊翹楚倚勢碼李靜等多贓則爲之具由辯釋極其庇護及

刑館覆究而真情畢露翘楚亦被革矣顧承普非窩乃嚴刑使招幾爲圖鬼見告軍門未結倭少浦倭長三非劫乃任意擬辟罔思殘民見經駮問未詳大抵所好成毛羽所惡成瘡痏挾私妄作轉見虛僑以故各縣關提人犯不發上司催提人犯亦不發懸案累歲祇爲衙役之資而本官遇同寮則攘臂之形呈于眉宇見上司則青目之書出自袖中此又其舉動之不中于禮者況其心熱代庖自謂邑小難于展布願得一

大邑署之果技癢耶抑別有爲耶總之才小而
氣張量盈而受淺欲獲宰割之用尚資磨礪之
功以上六邑所當照浮躁例降調者也廉州府
通判金志道恫愊有餘精明不足當煩難而掣
肘臨案牘以攢眉其署印靈山也聽吏盧若鯉
與縣吏陸夢履朋比爲姦乘本官之過信而愚
弄之錢糧不能徵解又多報虛數致新知縣不
肯交盤王守不正支銷乃借給工食致七百兩
無從追補案贓方志學等從南寧獲得宜正法

矣何故縱狡獪之羣兇甯緣賄脫盜徊黎學通
等既監繫多人宜速訊矣何忍令無辜之十命
瘐死囹圄哨官委用無不經道府者而羅賓王
等十數人查村滋擾實由本官之給帖排門查
點無不致繹騷者而梁正煬舞文出牌每家索
𩣡實由本官之故縱猾吏李英私出硃票誣害
陳懷江姦媳詐銀五十兩而本官不覺也積快
譚高透通監賊誣扳潘朝金等十餘人爲盜索
銀三十兩而本官不知也衙規不嚴則家僮周

大叔牌票差遣多出其手各役遂有買牌之錢官評漏洩致靈山吳典史當面忤慢隱忍無言體統能無陵夷之漸蓋本官耳聽不聰衷情無主每出視事吏書環案批判由人總之坐鎮是其所長攝符因而見短催科既拙撫字亦疎高州府推官戴士毅才非游刃明媿然犀吏胥因以爲姦威福由之竊弄潘司桂本府司獄也以查監之故勒其銀段圓領雖差吏之嚇索哉亦本官聽其左禀鎖責書手劉相等有以迫之也

趙三綱石城大使也以緣事之故輒送銀五十兩雖何清之指詐哉亦本官平日不檢受其管捕謝儀有以招之也署縣徵糧則每里拜見五兩計二十八里共得銀一百四十兩李占春等可證稅畝印契則每契尾紙價二錢計四百十二張共得銀八十餘兩張自新等付交生員王萬策被告即廳役劉璉許以方便局銀八十兩而原告遂以擬徒何其捷于影響良民鄔國亮等十餘人出陞拔則廳役李爲珍嚇以監責局銀

一百兩而各巴果從輕釋疑于別有機關至其以查船爲名以買珠爲實差人梁章沿海詐騙捉客張威黃富等索珠二大包直價二百兩不知回送幾何而各商且共苦之矣夫刑官之職頗要非清而嚴何以勝任以彼衙蠹之壅蔽如此舉動之苟且如此其何以辨五刑之出入而鏡各官之妍媸哉此外又聞其下石同寮頗乖輿論劣轉通判黃桂徵奉職無過說者謂事由本官司道至今惜之大抵陰柔居多陽明却少

若欲偕之大道猶須練其才情以上二臣所當照不及例降調者也潮州府饒平縣知縣洪啓哲長厚宅心寬洪馭下惟因循而不振遂廢格以滋竊盜皁隸包收錢糧此該縣之夙弊也積皁紀才等假票偽串侵欺多贓業經訪察擬遣矣行縣二年贓贖尚無一報其以皁隸帶糧猶故也陰陽官下鄉詐害亦該縣之陋規也訓術翁任等營縣委用索詐多贓亦經訪察擬徒矣行縣二年贓罪竟束高閣其以陰陽聽差猶故也

漳客郭雲白晝於黄山阬被刦則緝捕漫不經心説者謂本官諱失事之辜似屬有以富民丘宇挾私誣丘真等爲盗則朦朧擬以重辟説者謂本官受丘宇之賄夫豈無因巡檢湯思聖縱之爲姦害人靡所不至及考察被責輒敢高聲吽訐不乖率屬之體乎巡檢梁錦寵以署捕每接率皆鄉談及委查里排動指公費科索不爲官箴之玷乎考校儒童則門子陳秋等得關進取之口加徵羡耗則日生陳良翰等另開小封

之端臣巡潮州閱該縣審冊有軍犯黄誠者停案十年詳而查之則四十一年從縣解赴刑館竟以假批還報本官不覺也本年三月從縣再解赴審人犯何處得來本官亦不知也臣反覆得其情狀本官徇曲護吏書其長姦可知矣御委其鑾神借于叢理棼似非所宜處僻猶堪自效韶州府翁源縣知縣林自芳心境未明設施多謬聽斷難窮情僞招詳屢見糊塗姑舉其大者如鍾七生之妻葉氏以耳環私借外家姑息

相忤自盡此於姦情何與聽伊父葉繼龍之妾
告謂姑與僧人通姦葉氏不從自縊招詳前院
請求旌表不亦顛倒可笑乎鍾福華之男鍾六
子以護菜相爭被毆十餘日身故此於田土何
與聽正犯鄭仲章之捏訴謂賣田不與過割反
以人命圖賴遂將福華擬罪追過割銀一兩不
亦冤屈之甚乎黄鸞之義息劉氏以砍柴與劉
惠爭毆服藥自盡此於妻妾之故何與聽光棍
劉聰之左證謂劉氏原係鸞妾鸞妻劉丙娘妒

歐喳胎身死招詳該道駁府乃釋不亦混淆之極乎强盜重情何可輕入鄧維禮本被竊而誣指多人爲强不審的實遂致累斃三命無辜張文政等幾陷大辟何其草率也軍興急務何可緩圖該縣宜磨米而臨期具文改折知其不可乃遂派陪百兩里排喧聚幾至激變何其孟浪也涂華事犯人命則捕壯歐陽科指稱禀豁而碼華銀五十四兩公然憑易時敬等過交吳兆魁事干罵毋則堂書羅誠居爲奇貨而碼魁銀

九十兩公然與張韶等瓜剖夫使其威令素行
衙役敢知此之矯假哉是其持身循矜官守而
當事頗拂民心加以銜轡不嚴因之左右竊柄
以上二臣所當照不及例調簡者也廣州府連
州陽山縣知縣馮大受性地渾厚心術慈祥徘
徊詩酒之間厭薄簿書之擾於是吏書有指官
騙詐之害百姓有六房相公之謠里長頂役則
每里有常例一十二兩之科此鄧喬林爲政也
唐昌吉馬剛科等可證黃册大造則每里有送

官二十五兩之龎亦鄧喬林爲政也黎詩留陳瑞昌等能言權吏受財則有傷之黃氏可免陳正之論抵雖人命或未必眞而鋪長吏陳貴指官得銀一百三十兩矣豈盡袞如充耳吏壯串合則無主之死屍可龎李惟敬等多金雖本官止千行查而兵吏陳弘禮等指官得銀二百兩矣恐其不無薰心戶吏李忠誠承行孫旺告詞則龎鄧亞四三十兩承行唐盧節告詞則龎黎崇脩二十兩皆稱送官遍交者蔡計垣胡大瓊

也堂書杜萬榮乘胡文祿賴命則局伍永福二百兩乘黄大芳賴命則局蔡樾新一百兩皆稱送官過交者黄允朋羅九德也雖借事需求指官欺詐多由吏胥爲姦而物必先腐人必先疑必其平日可議該縣地僻民醇原無難治本官弗躬弗親委權宵小每遇爭鬭輒差老人胡大瓊李粤儀等往視回報此輩與衙役有不同心蔽官者哉此一臣者寬柔易與擊斷全虧官無激烈之聲民有剝削之實但其操守尚未大肆

而文學頗似優長所當照不及例改教者也伏

乞

勑下部院再加體訪如果臣言不謬將盧奎等照例

分別議處庶不肖無所容而

討典有裨矣緣係糾劾不職有司官員以備考察事

理未敢擅便爲此具本專差承差郭樑親齎謹

題請

旨奉

聖旨該部院知道

附全六册目録